Bhanusree Yalamanchili

Aproveitamento da aprendizagem profunda para o reconhecimento de emoções na fala

Bhanusree Yalamanchili

Aproveitamento da aprendizagem profunda para o reconhecimento de emoções na fala

Dominar a aprendizagem profunda para o reconhecimento de emoções na fala: Técnicas, desafios e aplicações

ScienciaScripts

Cover image: www.ingimage.com

This book is a translation from the original published under ISBN 978-620-8-11947-8.

Publisher:
Sciencia Scripts
is a trademark of
Dodo Books Indian Ocean Ltd. and OmniScriptum S.R.L publishing group

120 High Road, East Finchley, London, N2 9ED, United Kingdom
Str. Armeneasca 28/1, office 1, Chisinau MD-2012, Republic of Moldova, Europe
Printed at: see last page
ISBN: 978-620-8-27273-9

Conteúdo

1. INTRODUÇÃO 3

2. ALGORITMOS DE RECONHECIMENTO DE EMOÇÕES NA FALA 8

3. REDE NEURAL DE CONVOLUÇÃO EM CAMADAS COM ATENÇÃO DISTRIBUÍDA NO TEMPO E CLASSIFICADOR RANDOM FOREST PARA RECONHECIMENTO DE EMOÇÕES NA FALA 14

4. CAMADAS DE CONVOLUÇÃO 2D DISTRIBUÍDAS NO TEMPO PARA CAPSULENETS PARA IDENTIFICAÇÃO DE EMOÇÕES A PARTIR DO DISCURSO 25

5. APRENDIZAGEM COMBINADA DE CONJUNTOS BASEADA EM REDES NEURAIS PARA IDENTIFICAR EMOÇÕES A PARTIR DO DISCURSO 36

6. CONCLUSÕES E DIRECÇÕES FUTURAS 47

7. REFERÊNCIAS 52

8. ANEXO 1 55

9. ANEXO 2 57

10. ANEXO 3 58

11. ANEXO -4 69

1. INTRODUÇÃO

O reconhecimento das emoções humanas desempenha um papel importante na interação homem-computador (IHC). Os seres humanos exprimem normalmente as suas emoções através de expressões faciais, linguagem corporal e discurso. As emoções expressas pelos seres humanos podem ser reconhecidas utilizando sensores fixados no corpo humano ou a partir de informações capturadas como imagem, vídeo e discurso. No entanto, a deteção de emoções sem sensores é mais económica e simples. A fala é a mais conveniente de todas, uma vez que é a forma natural de IHC e possui informações emocionais ricas. As vantagens de utilizar a fala para o reconhecimento de emoções são o facto de ser mais simples, rentável e não ter problemas de identidade e privacidade. Tem sido efectuada uma investigação significativa sobre a identificação de emoções humanas a partir de sinais de fala [2,3,4,].

As emoções são estados psicológicos que podem ser definidos por experiências fisiológicas, comportamentais e psicológicas. Na literatura, são sugeridos dois modelos de distribuição das emoções: o modelo dimensional e o modelo emocional discreto. O modelo dimensional das emoções utiliza dimensões latentes para caraterizar as emoções como a excitação, a valência, o controlo e o poder. Por outro lado, o modelo de emoção discreta sugere sete categorias básicas de emoções como neutro, medo, tristeza, felicidade, raiva, nojo c surpresa [1], como mostra a Fig. 1. Este último é preferível à representação dimensional, uma vez que o primeiro não é suficientemente intuitivo.

O principal objetivo do reconhecimento de emoções na fala (SER) é classificar as caraterísticas da fala de um dado sinal de fala em emoções. O SER pode ser efectuado utilizando caraterísticas linguísticas ou não linguísticas. Embora o SER possa ser implementado em ambas as variantes, a última é mais preferida por ser independente da língua. O trabalho proposto é implementado numa SER não linguística. A automatização do SER tem aplicações [30] em vários domínios, nomeadamente, comércio eletrónico, interferência de robôs, aprendizagem eletrónica, estudos clínicos, sistemas de assistência por voz, entretenimento, etc.

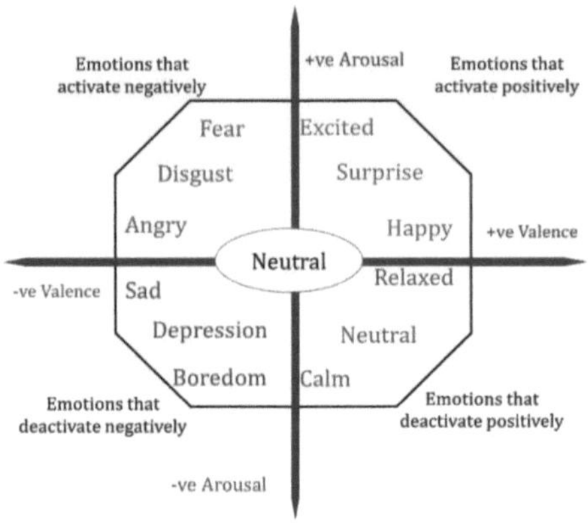

Figura 1 Modelo de emoção de fala discreta

O sistema SER básico contém três etapas principais: (i) Pré-processamento (ii) Extração e seleção de caraterísticas (iii) Classificação das emoções. A estrutura básica do sistema SER é apresentada na Figura 2.

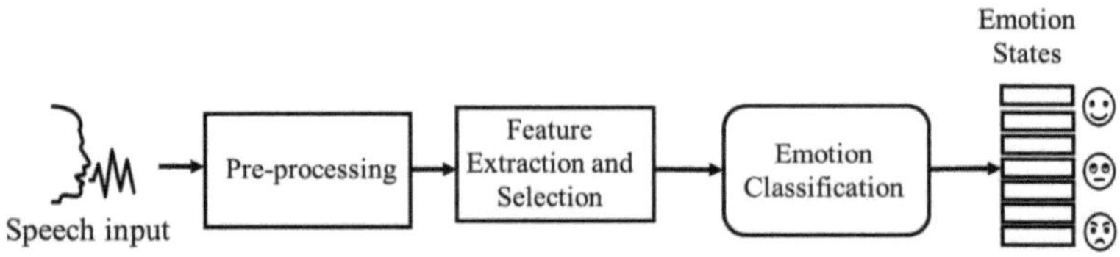

Figura 2 Estrutura básica do sistema SER

Em geral, as caraterísticas para o SER são categorizadas como prosódicas, espectrais, híbridas e espectrogramas. Os três primeiros conjuntos de caraterísticas têm as suas limitações no desenvolvimento de um SER eficiente. Assim, o espetrograma, que é um conjunto de caraterísticas híbridas e de representação de imagem da fala, pode ser selecionado como caraterística de entrada para o SER. Além disso, esta caraterística adapta-se melhor aos modelos de redes neurais profundas (DNN). Os algoritmos de classificação são categorizados como modelos de aprendizagem automática (ML), DNN e Ensemble. Os modelos ML são os modelos de classificação tradicionais que têm limitações como uma menor precisão de classificação, sobreajuste e sensibilidade a valores atípicos. Os modelos DNN são mais eficazes do que os modelos ML e atingem uma precisão elevada. Os modelos Ensemble são uma amálgama dos modelos ML e DNN e combinam as vantagens destes modelos. Os vários modelos SER disponíveis na literatura são analisados no Capítulo 2.

Uma vez que o sinal de voz é uma série temporal de dados, rica em informação espacial, a escolha de caraterísticas e de um classificador adequados constitui um grande desafio. Por conseguinte, para melhorar a eficiência do SER, pode ser implementada uma combinação de diferentes modelos. Este facto motivou o desenvolvimento de uma combinação de modelos ML e DNN, de uma combinação de modelos DNN e de um modelo de conjunto de DNN. Assim, neste trabalho, a ênfase é dada ao desenvolvimento de um SER generalizado e robusto com caraterísticas e modelos apropriados.

O primeiro modelo proposto é a Rede Neural de Convolução de Camadas de Atenção Distribuída no Tempo (TDACNN) com um classificador Random Forest (RF) de aprendizagem em conjunto [7], que é utilizado para melhorar a precisão da classificação em relação aos modelos existentes no domínio dos SER. As camadas de distribuição temporal e de atenção extraem as caraterísticas temporais e espaciais do espetrograma log-mel, respetivamente. O conjunto de caraterísticas resultante é fornecido ao algoritmo Random Forest de conjunto ensacado. O algoritmo RF tem a vantagem de generalizar e de reduzir o sobreajuste. Os pormenores deste modelo, a implementação, os resultados experimentais e a comparação com vários modelos CNN são apresentados no Capítulo 3.

A TDACNN tem uma limitação na captação e no treino da informação espacial e, consequentemente, as emoções, nomeadamente neutras, tristes e calmas, não são classificadas de forma adequada. Para ultrapassar esta limitação, consideram-se as CapsuleNets, que são concebidas exclusivamente para captar o conteúdo espacial de um sinal. Assim, as camadas de convolução 2D distribuída no tempo para redes de cápsulas [5] são desenvolvidas para o sistema SER. Os pormenores deste modelo, a sua implementação, os resultados experimentais e a comparação com os modelos existentes na literatura são apresentados no Capítulo 4.

As confusões de classe para as emoções que pertencem a um estado de excitação elevado são elevadas. Para obter um equilíbrio e generalização entre a classificação de todas as emoções, um único modelo de classificação não é suficiente. Neste sentido, propõe-se o empilhamento de modelos DNN de conjunto para SER. O modelo Neural Network based Ensembled Learning (NNBEL) [6] é considerado para ultrapassar as limitações encontradas em ambos os modelos anteriores. Três modelos de base, a saber, 1D Convolution Neural Network (1D CNN), Long Short Term Memory (LSTM) e CapsuleNets na primeira camada do modelo, são considerados para a afinação do SER. O Perceptron de Múltiplas Camadas (MLP) é considerado na segunda camada para a afinação fina do modelo SER. Esta estratégia resultou numa elevada precisão de classificação e em pontuações F1 equilibradas em todas as emoções. Os pormenores deste modelo, a implementação, os resultados experimentais e a comparação com os modelos da literatura são apresentados no Capítulo 5.

Em resumo, este trabalho propõe novos modelos de classificação para um modelo SER eficiente. Todos os modelos propostos são comparados em termos de métricas de desempenho como a exatidão da classificação, a matriz de confusão, a precisão, a recuperação e a pontuação F1 [8]. A experimentação do modelo é efectuada nos conjuntos de dados IEMOCAP [9] e RAVDESS [10]. Os métodos propostos superaram os modelos existentes em termos de métricas de desempenho. No Capítulo 6 são apresentadas as observações finais e as direcções futuras.

2. ALGORITMOS DE RECONHECIMENTO DE EMOÇÕES NA FALA

A seleção de caraterísticas e modelos de classificação adequados é crucial para um modelo SRE eficaz. A classificação detalhada do sistema SER é apresentada na Figura 3. Entre as caraterísticas possíveis para o SER, o espetrograma é considerado mais eficiente, uma vez que contém informação temporal e espacial [12].

O espetrograma é uma representação gráfica do discurso em que as alterações no conteúdo de frequência são apresentadas em função do tempo. O tempo é apresentado ao longo do eixo x, a frequência no eixo y e a quantidade de energia num determinado momento. A frequência é apresentada como variação na cor/escala de cinzentos. A região branca representa o silêncio. Por outro lado, as regiões mais escuras indicam a área de energia [13].

O espetrograma é calculado aplicando a transformada rápida de Fourier (FFT) sobre a série de janelas sobrepostas da amostra. Os bancos de filtros Mel são aplicados à saída da STFT e convertidos numa escala logarítmica para calcular o espetrograma log-Mel, como se mostra na Eq. (1). Os espectrogramas Log-Mel da emoção neutra da base de dados de emoções RAVDESS são apresentados na Figura 4.

$$mel(f) = 2595 \times log\left(1 + \frac{f}{700Hz}\right) \quad ... \quad (1)$$

Cummins *et al.* [11] propuseram caraterísticas espectrais profundas derivadas de espectrogramas baseados em imagens em vez de caraterísticas extraídas individualmente. Foram extraídas 4096 caraterísticas espectrais profundas através de uma classificação de imagens previamente treinada. Os resultados indicaram um melhor desempenho em relação às caraterísticas convencionais. No entanto, a precisão global é menor.

Chen *et al.* [13] implementaram o SER utilizando o mel-espetrograma com deltas e delta- deltas como entradas para a RNN de convolução 3D. Este trabalho sublinhou que a RNN era capaz de extrair caraterísticas hierárquicas discriminativas para a aprendizagem supervisionada, quando comparada com as caraterísticas criadas manualmente. Além disso, a CNN 3D ajudou a captar a relação tempo-frequência em Log-mels e proporcionou um desempenho estável do SER. A desvantagem do sistema é o facto de a emoção feliz ter atingido uma taxa de reconhecimento inferior.

Zhao *et al.* [14] implementaram uma DNN baseada na atenção. As camadas LSTM baseadas na atenção extraíram informação sequencial dos espectrogramas. Por outro lado, as camadas CNN baseadas na atenção extraíram informação espacial. A fusão das caraterísticas complementares extraídas formou um vetor de caraterísticas espácio-temporais. Esta abordagem produziu uma melhoria significativa em relação à representação profunda do espetro extraída pela AlexNet.

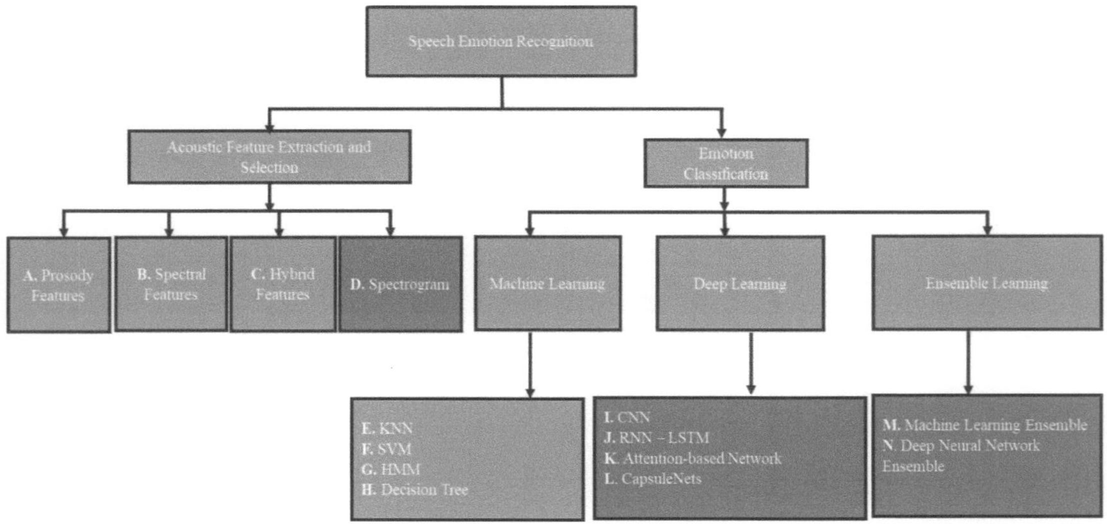

Figura 3 Classificação das contribuições da investigação no Sistema de Reconhecimento de Emoções na Fala.

(Os pormenores são apresentados no Anexo 3)

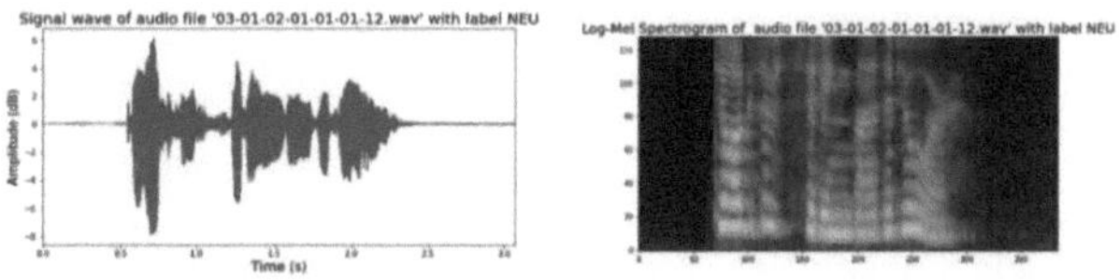

Figura 4 Espectrogramas Log-Mel da emoção neutra do conjunto de dados RAVDESS

Ammar *et al.* [15] investigaram a utilização de CNN profunda para extrair caraterísticas. A seleção de caraterísticas foi realizada para discriminar caraterísticas importantes. Foram utilizados SVM, K-NN, RF e MP para classificar as emoções individualmente. O espetrograma foi introduzido na CNN profunda AlexNet. Foi implementada uma abordagem baseada em caraterísticas de correlação, para selecionar atributos discriminativos altamente correlacionados. O modelo foi mais útil para a base de dados multilingue e para a classificação independente do género.

Mirsamadi *et al.* [16] utilizaram RNN com atenção local para lidar com a agregação temporal das caraterísticas. As camadas de atenção local concentraram-se em regiões específicas do discurso que eram emocionalmente salientes. Foi introduzida uma nova estratégia de agrupamento ponderado em vez da estratégia de agrupamento médio. O modelo aprendeu tanto as caraterísticas ao nível dos fotogramas como a agregação temporal em períodos de tempo mais longos. Embora o modelo tenha dado uma orientação correta para a realização de agregações temporais, a precisão global obtida não foi muito encorajadora.

Wu *et al.* [17] experimentaram CapsuleNets para SER. Este trabalho optou por estas novas redes em vez das CNN, de modo a concentrar-se na captura de informação espacial no espetrograma. Foram introduzidas ligações recorrentes nas CapsuleNets para captar informação sensível ao tempo. O sistema proposto teve um melhor desempenho do que a CNN LSTM e permitiu investigar a extensão da capacidade das CapsuleNets para captar as emoções de forma eficaz. A limitação continua a existir na confusão de classes entre raiva e neutro; e feliz e neutro.

Bhanusree *et al.* [5] propuseram uma nova extração e classificação de caraterísticas utilizando uma camada de convolução 2D distribuída no tempo com a CapsuleNet. A informação espacial relevante para as emoções no sinal de voz foi capturada pela CapsuleNet. Por outro lado, as camadas de convolução 2D distribuídas no tempo sem operação de pooling foram utilizadas para extrair informação temporal. As caraterísticas complementares espácio-temporais foram extraídas em série no modelo proposto. Este modelo demonstrou uma melhoria na precisão global da classificação. Este trabalho é apresentado no Capítulo 4.

Zvarevashe e Olugbara [18] propuseram a aprendizagem em conjunto com caraterísticas acústicas híbridas para o SER. Neste trabalho, foi utilizada uma combinação cuidadosamente selecionada de caraterísticas prosódicas e espectrais. Foram experimentadas as aprendizagens por ensemble bagging e boosting. Foram implementados o DF, que era um dos algoritmos de ensemble de ensemble, e o SVM de ensemble com Perceptron de Múltiplas Camadas (MP). Em termos de eficácia, o algoritmo Random Decision Forest foi superior à máquina de reforço. O desafio do modelo reside no facto de trabalhar com dados reais.

Bhanusree *et al.* [7] propuseram um modelo usando TDACNN para extrair caraterísticas espaço-temporais apropriadas. Este modelo extraiu um conjunto de caraterísticas generalizadas do espetrograma log-mel. As camadas distribuídas no tempo aprenderam as dependências temporais e as camadas de atenção aprenderam as dependências espaciais. O classificador RF, que era um classificador de conjunto de ensacamento, foi utilizado para classificar as emoções. Este modelo conseguiu generalizar-se em diferentes conjuntos de dados. Este trabalho é apresentado no Capítulo 3.

Zheng *et al.* [19] implementaram um modelo de conjunto para SER multinível. No modelo proposto, foram concebidas três funções de perito, nomeadamente Perito-1, Perito-2 e Perito-3. O Perito -1 era um modelo de canal duplo baseado na CNN, o Perito -2 era um modelo Gated Recurrent Unit (GRU) que combinava o mecanismo de atenção e o Perito-3 era um modelo multinível baseado na Convolution Recurrent Neural Network (CRNN). A fusão do espetrograma, dos descritores de baixo nível e das suas caraterísticas estatísticas foi utilizada para o Perito-3. O conjunto de 3 peritos complementou-se mutuamente pelas suas capacidades de captar pistas espaciais e temporais da fala na classificação das emoções. A capacidade de generalização foi conseguida através da aprendizagem do conjunto.

Bhanusree *et al.* [6] propuseram uma nova NNBEL para captar caraterísticas espácio-temporais da fala para efetuar SER. O trabalho proposto utilizou o espetrograma e a caraterística do coeficiente cepstral-MFCC com um modelo de classificação adequado. Os modelos de base 1D CNN, LSTM, CapsuleNets empilham as previsões a partir das caraterísticas. Os modelos 1D CNN e LSTM são adequados para lidar com as pistas temporais do discurso. Por outro lado, as CapsuleNets captam as pistas espaciais do discurso. Cada DNN individual foi concebida para captar as pistas espaciais e temporais individualmente. O modelo proposto foi bem sucedido na generalização do processo de aprendizagem e funcionou efetivamente no conjunto de dados desequilibrado. Este trabalho é apresentado no Capítulo 5.

3. REDE NEURAL DE CONVOLUÇÃO EM CAMADAS COM ATENÇÃO DISTRIBUÍDA NO TEMPO E CLASSIFICADOR RANDOM FOREST PARA RECONHECIMENTO DE EMOÇÕES NA FALA

O modelo de classificação proposto é uma combinação da rede DNN para extração de caraterísticas e do modelo ML de conjunto ensacado para classificação de emoções. O modelo proposto TDACNN com RF é desenvolvido a partir das combinações de variantes da CNN, a saber, CNN, CNN com RF e TDACNN.

3.1 Análise da CNN e das suas variantes

- **Rede Neural de Convolução**

A CNN é um padrão de rede neural feed forward capaz de extrair caraterísticas e classificar [20]. O modelo CNN para SER é construído com uma camada de entrada, três camadas de convolução, onde é efectuada a extração de caraterísticas. As camadas totalmente ligadas com a função de ativação softmax são utilizadas para a classificação das emoções. A arquitetura é apresentada na Figura 5.

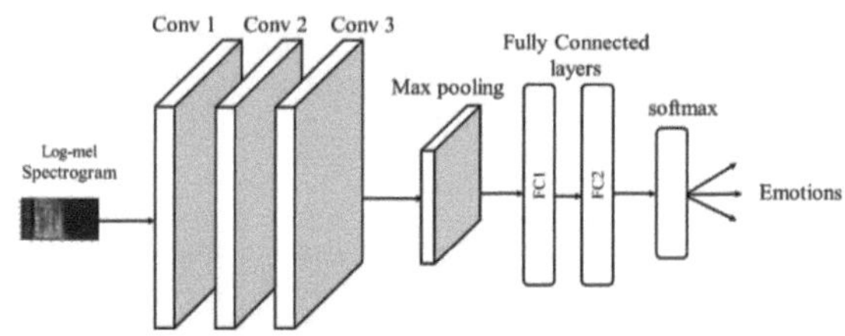

Figura 5 Arquitetura do modelo CNN

- **Rede neural de convolução com floresta aleatória**

O modelo CNN concebido tanto para a extração de caraterísticas como para a classificação tem uma precisão de classificação fraca. Para ultrapassar esta limitação, o modelo CNN só pode efetuar a seleção de caraterísticas. O modelo de ensemble RF é utilizado para a classificação. A arquitetura da CNN com o modelo RF é apresentada na Figura 6.

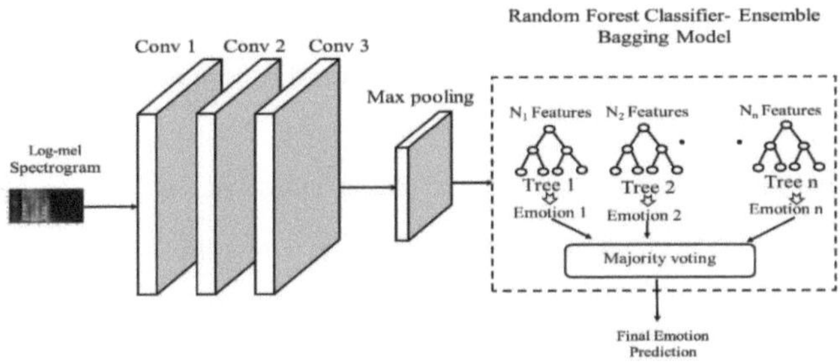

Figura 6 Arquitetura do modelo CNN- RF

Os classificadores RF são modelos de conjunto de DT baseados no princípio de ensacamento. Os classificadores RF combinam várias DT binárias utilizando amostras de bootstrap do vetor de caraterísticas da amostra $'FC'$. As etapas do algoritmo proposto por Breiman [21] para gerar classificadores RF são as seguintes

▪

1. Os dados de treino originais para um número *'d'* de DTs são considerados utilizando o método bootstrap. São considerados 'k' subconjuntos aleatórios de amostras dos dados de treino originais e cada subconjunto é utilizado para treinar a árvore em crescimento.
2. De *'N'* caraterísticas, são selecionadas *'rn'* caraterísticas aleatórias ($rn << N$). Os nós das árvores são divididos nestas variáveis *'rn'* utilizando um critério de divisão optimizado. O valor de *'rn'* mantém-se inalterado durante o crescimento. Este processo é repetido até se obter uma árvore completa.
3. Cada árvore cresce até ao seu máximo e não é cortada.

▪

Embora o algoritmo RF ofereça a propriedade de generalização, este modelo não reduziu as confusões de classe. A principal limitação da CNN neste modelo é a incapacidade de classificar eficazmente os dados da série temporal. Assim, as caraterísticas extraídas da CNN são inferiores e o algoritmo de RF não conseguiu classificar da melhor forma.

- **Rede neural de convolução em camadas com atenção distribuída no tempo**

Para ultrapassar as limitações decorrentes da incompatibilidade de tratamento de caraterísticas temporais pela CNN, são adicionadas camadas de distribuição temporal antes das camadas de convolução [19]. Para captar caraterísticas espaciais, são adicionadas camadas de atenção [22]. Por conseguinte, para captar caraterísticas espácio-temporais, é incorporada uma combinação de camadas de distribuição temporal e camadas de atenção. A arquitetura da TDACNN é apresentada na Figura 7.

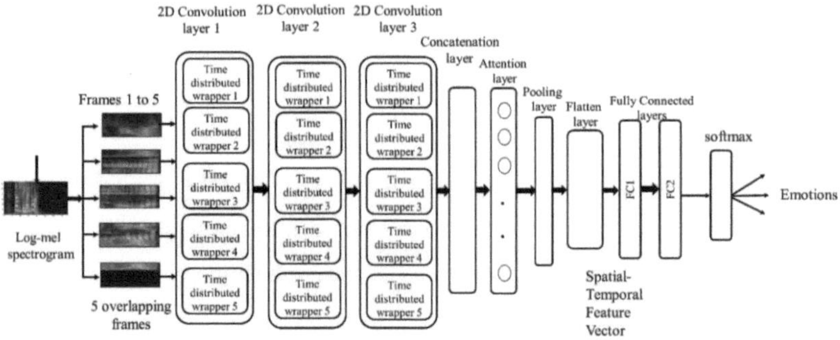

Figura 7 Arquitetura da TDACNN para extração de caraterísticas

As camadas de atenção geram um vetor de peso que funde as caraterísticas ao nível dos fotogramas de cada passo de tempo num vetor de caraterísticas ao nível da expressão. Os pesos de atenção α_i são determinados utilizando cada entrada do vetor x_i das camadas TD CNN, como indicado na Eq. (2).

$$\alpha_i = \frac{\exp(f(x_i))}{\sum_j \exp(f(x_j))} \quad ... (2)$$

$$f(x) = W^T x \quad ... (3)$$

em que, $f(x)$ representa a função de pontuação e W^T representa os parâmetros treináveis como pontuação linear dada na Eq. (3).

A saída da camada de atenção é a soma ponderada das sequências de entrada, como mostra a Eq. (4).

$$attentive_x = \sum_i \alpha_i x_i \qquad \text{... (4)}$$

O modelo é treinado para a extração de caraterísticas e o resultado obtido do agrupamento de atenções é um vetor de caraterísticas $'FC'$ como indicado na Eq. (5).

$$FC = \sum_{i=1}^{L} \alpha_i \, a_i \qquad \text{...(5)}$$

em que, a_i representa as entradas que alimentam as redes e L é uma grelha de comprimento variável $L \stackrel{\text{def}}{=} FD \times T$em que, FD e T denotam os domínios da frequência e do tempo do espetrograma, respetivamente.

A camada Flatten converte a matriz de caraterísticas multidimensionais num vetor de caraterísticas de dimensão única. O vetor de caraterísticas espácio-temporais extraído no final da camada de nivelamento é enviado para as duas camadas totalmente ligadas e para a camada softmax para classificação. Este modelo TDACNN produziu uma melhor precisão de classificação do que o modelo CNN. No entanto, as precisões por classe são inferiores às do modelo CNN RF. Estes resultados demonstram que o TDACNN está a extrair um vetor de caraterísticas espácio-temporais adequado. Assim, é proposta uma nova abordagem da arquitetura TDACNN para uma melhor extração de caraterísticas espácio-temporais e um modelo RF para classificação [7].

3.2 Algoritmo que utiliza o classificador TDACNN-RF para o reconhecimento de emoções

O novo modelo TDACNN-RF proposto permite a relevância espácio-temporal através das camadas TDACNN e a classificação correta através do classificador RF. A arquitetura do modelo TDACNN-RF é apresentada na Figura 8.

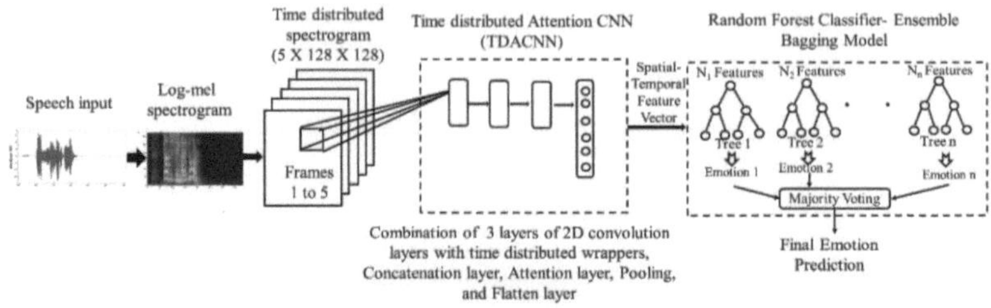

Figura 8 Arquitetura da TDACNN-RF para SER

O espetrograma log-mel extraído da entrada da fala é segmentado em cinco fotogramas utilizando uma janela deslizante e é alimentado às camadas distribuídas no tempo das camadas neurais de convolução 2D. São atribuídos pesos iguais às camadas distribuídas no tempo, o que é um passo muito importante para extrair todas as caraterísticas temporais. As caraterísticas extraídas de cada fotograma são todas concatenadas utilizando a camada de concatenação. A camada de atenção empilhada nestas camadas de distribuição temporal concentra-se na extração das caraterísticas espaciais. A arquitetura TDACNN utilizada neste modelo é semelhante à do modelo abordado no capítulo anterior. A determinação dos pesos de atenção α_i, saída das camadas de atenção $attentive_x$ e o vetor de caraterísticas $'FC'$ são fornecidos nas Eqs. (2), (3), (4) e (5).

O vetor de caraterísticas espácio-temporais $'FC'$ extraído pela arquitetura TDACNN é fornecido como entrada para o classificador RF. O modelo de classificador RF utilizado no modelo CNN-RF discutido no capítulo anterior é aqui adotado. O algoritmo proposto por Breiman [21] é implementado para classificar as emoções. A explicação detalhada do algoritmo para classificar as emoções é fornecida como pseudocódigo na Tabela 1.

A saída do classificador RF é um conjunto dos resultados fornecidos por todos os DTs, e a previsão mais exacta é considerada para a saída final, como indicado na Eq. (6).

$$H(x) = argmax \sum_{i=1}^{N} I(Sh_i(x) = y) \qquad ... (6)$$

em que, $H(x)$ representa a saída do conjunto de RF, I representa uma função indicadora, $Sh_i(x)$ representa um modelo DT único, e y representa a emoção alvo ou a etiqueta verdadeira da camada de saída.

O bootstrapping dos subconjuntos de treino é efectuado aleatoriamente utilizando o coeficiente de Gini. Quanto mais pequeno for o coeficiente de Gini, melhores serão as caraterísticas de seleção do algoritmo RF.

$$Gini(D) = \sum_{i=1}^{k} Pr_i(1 - Pr_i) = 1 - \sum_{i=1}^{k} Pr_i^2 \quad \text{... (7)}$$

em que, k representa as amostras do subconjunto aleatório e Pr_i representa a probabilidade da classe i.

Para um nó de duas categorias, assumindo que a primeira probabilidade de amostragem é Pr.

$$Gini(D) = 2Pr(1 - Pr) \quad \text{... (8)}$$

Tabela 1: Pseudocódigo para Random Forest

Floresta aleatória para classificação de emoções
Entrada: ***S:*** *Sinais de voz do conjunto de dados* ***FC:*** *Vetor de caraterísticas* ***N:*** *N.º de caraterísticas no vetor de caraterísticas* ***FC*** ***k:*** *Subconjunto de amostras para treino* ***rn:*** *Caraterísticas selecionadas aleatoriamente* ***test:*** *sinal de teste* ***i:*** *1 a N* ***Saída: PY:*** *Emoção prevista*
para ***i=1 a k*** *do*
Selecionar amostras do vetor de caraterísticas de treino de ***S*** *para fazer* ***i****th* *treino de* ***S****i* *aleatoriamente e por substituição.*
Preparar o nó raiz de ***S****i* *para comparar os valores das caraterísticas.*
Preparar a árvore de decisão com base em ***S****i* *e encontrar o nó de raiz.*
Selecionar o vetor de caraterísticas para ***i****th* *árvore de decisão através de divisão.*
Selecionar caraterísticas ***f****i* *com elevada probabilidade.*
Enquanto o sinal de teste ***para*** *fazer,*
Preparar o nó filho da árvore de decisão ***i****th* *para o vetor de caraterísticas.*
para ***i=1*** *a N*

Comparar o conteúdo dos nós da árvore de decisão i^{th} com o conteúdo do vetor de caraterísticas. *Construir árvore para gerar uma árvore completa.*
fim do ciclo for.
fim do ciclo "enquanto". *Encontrar rótulos de emoção em cada árvore de decisão.* *Efetuar uma votação por maioria de todas as etiquetas de emoções para encontrar **PY**.*
fim do ciclo for.

3.3 Implementação e resultados experimentais

O desempenho do modelo TDACNN-RF proposto nos dois conjuntos de dados IEMOCAP e RAVDESS é avaliado e comparado com os modelos CNN, CNN-RF e TDACNN. As métricas de desempenho, nomeadamente a exatidão da classificação, a matriz de confusão, a precisão, a recuperação e a pontuação F1, são utilizadas para analisar o desempenho dos modelos. Os modelos propostos são avaliados em uma GPU NVIDIA GeForce® GTX 1650 Ti (4 GB GDDR6 dedicado), máquina Windows 10 com um processador Intel de 8 núcleos e 16 GB de RAM. O processo é realizado em Python 3.8.2, com Keras usando TensorFlow como backend para o DNN e scikit-learn para os algoritmos de RF.

As precisões de classificação alcançadas pelo TDACNN-RF proposto com CNN, CNN-RF e TDACNN nos conjuntos de dados IEMOCAP e RAVDESS são apresentadas na Tabela 2. A precisão da classificação do modelo TDACNN é elevada quando comparada com o modelo CNN puro. No entanto, é inferior à do modelo CNN-RF. A combinação da melhor extração de caraterísticas do modelo TDACNN com o melhor modelo de ensacamento RF resultou em precisões ainda mais elevadas. O mesmo padrão é observado em ambos os conjuntos de dados.

Tabela 2 Comparação da exatidão da classificação no IEMOCAP e no RAVDESS

Conjunto de dados IEMOCAP			
CNN	**CNN-RF**	**TDACNN**	**TDACNN-RF**
65.38%	76.60%	75%	**90.27%**
Conjunto de dados RAVDESS			
CNN	**CNN-RF**	**TDACNN**	**TDACNN-RF**

63.63%	82.16%	79.55%	**92.19%**

As matrizes de confusão destes modelos sobre os conjuntos de dados IEMOCAP e RAVDESS são apresentadas na Tabela 3 e na Tabela 4.

Observa-se que o modelo CNN não conseguiu distinguir as emoções, ou seja, feliz e zangado; neutro e zangado com o conjunto de dados IEMOCAP. No entanto, com o apoio do algoritmo RF, as confusões entre classes são reduzidas. No entanto, o desempenho do TDACNN ainda melhorou no que respeita às confusões de classe reduzidas. O modelo proposto reduziu esta inconsistência através da extração adequada de caraterísticas espácio-temporais e de um classificador mais generalizado. No entanto, 6,8% das emoções neutras continuam a ser classificadas como emoções tristes e 7,44% das emoções felizes são classificadas como emoções tristes pelo modelo proposto. O modelo proposto com o conjunto de dados RAVDESS observou uma elevada confusão de classes entre as emoções felizes, em relação às emoções de medo e surpresa.

Quadro 3 Matrizes de confusão de todos os modelos na IEMOCAP

	Zangado (%)	Feliz (%)	Neutro (%)	Triste (%)
		CNN		
Zangado (%)	**72.78**	19.44	3.89	3.89
Feliz (%)	50.56	**46.11**	2.22	1.11
Neutro (%)	24.1	22.1	**46.67**	7.22
Triste (%)	10.56	11.2	14.8	**63.44**
		CNN-RF		
Zangado (%)	**86.66**	11.11	0	2.22
Feliz (%)	9.57	**72.34**	1.06	17.02
Neutro (%)	0	4.54	**63.63**	31.81
Triste (%)	2.97	16.83	2.97	**77.22**
		TDACNN		
Zangado (%)	**77.6**	13	5.6	3.7
Feliz (%)	3.8	**73.7**	14.7	7.7
Neutro (%)	3.4	4.4	**89.2**	3
Triste (%)	6.4	13.3	18	**62.3**
		TDACNN-RF		
Zangado (%)	**92.22**	6.66	0	1.11
Feliz (%)	4.2	**88.29**	0	7.44

Neutro (%)	2.27	4.54	**86.36**	6.81
Triste (%)	1	5.9	1	**92**

A precisão, a recuperação e a pontuação F1 são comparadas e apresentadas na Tabela 5 para o IEMOCAP e na Tabela 6 para o RAVDESS. A pontuação F1 da emoção feliz no IEMOCAP do modelo TDACNN-RF proposto é de 0,87, o que é elevado em relação aos outros modelos. Por outro lado, as pontuações F1 das emoções zangada, neutra e triste do modelo proposto são próximas de 0,9, o que, mais uma vez, é o melhor resultado entre os outros modelos no IEMOCAP.

Quadro 4 Matrizes de confusão de todos os modelos no RAVDESS

	A (%)	D (%)	F (%)	H (%)	C (%)	S (%)	Su (%)
CNN							
A (%)	**76.67**	2.22	1.67	16.11	0.56	0	2.77
D (%)	16.11	**67.78**	1.11	1.11	3.89	0	10
F (%)	19.44	3.89	**31.67**	20.56	2.22	7.22	15
H (%)	55	2.22	2.22	**40.56**	2.22	0	0
C (%)	0	0	0	0	**38.34**	3.33	58.33
S (%)	0	0	0	0	0	**93.89**	6.11
Su (%)	0	0	0	1.67	5.56	2.77	**90**
CNN-RF							
A (%)	**85.29**	8.82	0	2.94	0	0	2.94
D (%)	4.76	**88.1**	0	0	0	7.14	0
F (%)	0	0	**75.61**	14.63	0	7.32	2.44
H (%)	2.94	5.88	8.82	**67.65**	2.94	0	11.76
C (%)	0	0	0	4.76	**83.33**	9.52	2.38
S (%)	0	7.69	0	2.56	5.13	**84.62**	0
Su (%)	0	2.7	0	5.41	0	2.7	**89.19**
TDACNN							
A (%)	**76.47**	11.76	0	5.88	0	0	5.88
D (%)	11.9	**71.43**	0	7.14	0	2.38	7.14
F (%)	0	0	**78.05**	7.32	0	7.32	7.32
H (%)	2.94	2.94	2.94	**76.47**	5.88	2.94	5.88
C (%)	0	0	0	9.52	**76.19**	7.14	7.14
S (%)	0	2.56	2.56	2.56	2.56	**84.62**	5.13
Su (%)	0	2.70	0	0	0	2.70	**94.59**
TDACNN-RF							
A (%)	**94.12**	2.94	0	0	0	0	2.94
D (%)	2.38	**92.86**	0	0	0	4.76	0
F (%)	0	0	**95.12**	2.44	0	2.44	0
H (%)	0	0	5.88	**85.29**	2.94	0	5.88
C (%)	0	0	0	0	**92.86**	7.14	0

S (%)	0	2.56	2.56	0	2.56	**92.31**	0
Su (%)	2.70	0	2.70	0	0	0	**94.59**

Tabela 5 Precisão, Recall e pontuação F1 de todos os modelos no IEMOCAP

	Zangado	Feliz	Neutro	Triste
		CNN		
Precisão	0.74	0.46	0.46	0.64
Recall	0.46	0.47	0.71	0.85
F1	0.57	0.47	0.56	0.73
		CNN-RF		
Precisão	0.87	0.72	0.64	0.77
Recall	0.87	0.70	0.88	0.71
F1	0.87	0.71	0.74	0.74
		TDACNN		
Precisão	0.79	0.75	0.90	0.63
Recall	0.87	0.71	0.71	0.83
F1	0.82	0.73	0.79	0.71
		TDACNN-RF		
Precisão	**0.92**	**0.88**	0.86	**0.92**
Recall	**0.93**	**0.86**	**0.97**	**0.89**
F1	**0.93**	**0.87**	**0.92**	**0.91**

A pontuação F1 das emoções felizes e tristes no RAVDESS não ultrapassou 0,9. No entanto, este não é o caso no IEMOCAP, onde a pontuação F1 da emoção triste é de 0,91. Como o conjunto de dados RAVDESS tem 7 classes de emoções, o modelo teve dificuldade em classificar a emoção triste juntamente com a emoção feliz.

Tabela 6: Precisão, Recall e pontuação F1 de todos os modelos no RAVDESS

	Zangado	Nojo	Medo	Feliz	Calmo	Triste	Surpresa
				CNN			
Precisão	0.78	0.68	0.41	0.40	0.38	0.94	0.92
Recall	0.46	0.91	0.89	0.51	0.76	**0.95**	0.54
F1	0.58	0.78	0.56	0.45	0.51	**0.94**	0.68
				CNN-RF			
Precisão	0.85	0.88	0.76	0.68	0.83	0.85	0.89
Recall	0.91	0.80	0.91	0.66	0.92	0.75	0.82
F1	0.88	0.84	0.83	0.67	0.88	0.80	0.86
				TDACNN			
Precisão	0.78	0.72	0.79	0.81	0.77	0.87	**0.96**
Recall	0.85	0.81	0.95	0.72	0.92	0.81	0.72
F1	0.82	0.76	0.86	0.76	0.84	0.84	0.82
				TDACNN-RF			
Precisão	**0.94**	**0.93**	**0.93**	0.85	0.93	0.92	0.95
Recall	**0.97**	0.93	**0.93**	**0.91**	**0.95**	0.86	**0.92**
F1	**0.95**	**0.93**	**0.93**	**0.88**	0.94	0.89	**0.93**

Para concluir, o modelo proposto alcançou uma boa precisão de classificação em relação aos outros modelos de base. Além disso, a confusão de classes entre as emoções é reduzida em grande medida. A emoção feliz é classificada corretamente com uma precisão elevada de 88,3% no conjunto de dados IEMOCAP e de 85,3% no conjunto de dados RAVDESS pelo modelo proposto, em comparação com outros modelos. No entanto, a emoção neutra no conjunto de dados IEMOCAP não é classificada corretamente. 6,8% das emoções neutras são classificadas como emoções tristes e 5% são classificadas como emoções alegres. Assim, a limitação do modelo proposto é que ainda existe confusão entre emoções neutras e tristes e emoções neutras e felizes. Os sinais de fala que transportam a emoção neutra, calma e triste são, na sua maioria, consistentes e mantêm a mesma emoção durante um longo período [23,24]. O quadro de longa duração, tanto no eixo do tempo como no da frequência, tem de ser captado para classificar corretamente a emoção neutra. Assim, as caraterísticas espaciais têm de ser cuidadosamente captadas pelo modelo. Assim, para ultrapassar esta limitação, propõe-se no próximo capítulo uma nova rede de classificação que pode captar as caraterísticas espaciais de forma mais precisa, ou seja, CapsuleNets em combinação com camadas de convolução 2D distribuídas no tempo.

4. CAMADAS DE CONVOLUÇÃO 2D DISTRIBUÍDAS NO TEMPO PARA CAPSULENETS PARA IDENTIFICAR EMOÇÕES A PARTIR DO DISCURSO

. As caraterísticas espaciais são as alterações da energia espetral com uma estrutura de longa duração nos eixos da frequência e do tempo. As caraterísticas temporais são as caraterísticas de curto prazo ou segmentares, que estimam o estado estacionário. Neste capítulo, é apresentada uma nova camada de convolução 2D distribuída no tempo para CapsuleNets, que permite tratar mais eficazmente as caraterísticas espácio-temporais.

4.1 Algoritmo que utiliza redes de cápsulas com camadas de convolução 2D distribuídas no tempo para reconhecimento de emoções

4.2

Um novo algoritmo de rede Time Distributed 2D-Convolution com CapsuleNets [5] é proposto para SER, que pode melhorar a extração de caraterísticas espácio-temporais e a classificação adequada. O sinal de fala é dividido em 5 quadros de fala com um salto sobreposto, o que ajuda a captar todas as caraterísticas de cada quadro. Se as sequências dos 5 espectrogramas log-mel de 5 fotogramas de fala forem enviadas diretamente para a camada de convolução, todos os fotogramas são sobrepostos, perdem-se pistas cruciais e a previsão pretendida pode não ser obtida. Esta estrutura básica não pode aprender a informação temporal e o modelo pode falhar. Estes estados estacionários são muito importantes, uma vez que as caraterísticas emocionais nem sempre estão uniformemente distribuídas por todas as posições do sinal de voz. Por exemplo, a emoção de raiva é predominante no início do enunciado, enquanto a surpresa é transmitida no final da frase.

Para ultrapassar esta limitação e tratar a sequência de fotogramas de espetro logarítmico de forma mais genuína, podem ser aplicadas camadas de distribuição temporal. O processo de camadas de distribuição temporal é apresentado na Figura 9. As camadas temporalmente distribuídas são uma combinação de camadas dispostas em paralelo para captar cada fotograma do sinal de voz. As camadas distribuídas no tempo atribuem pesos iguais a cada camada. Como as camadas com pesos semelhantes serão aplicadas a várias entradas, todas as caraterísticas de cada fotograma são tratadas de forma igual. Assim, as camadas de distribuição temporal aplicarão a mesma transformação a todos os 5 fotogramas do espetrograma. Este processo garante a proteção das pistas essenciais disponíveis em qualquer um dos fotogramas ou em todos os fotogramas.

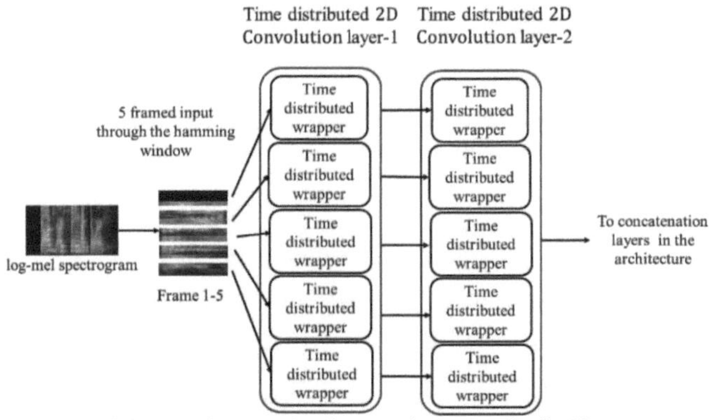

Figura 9 Estrutura das camadas de convolução 2D distribuídas no tempo propostas

As cápsulas são os blocos de construção básicos das CapsuleNets. São consideradas como um grupo de neurónios que representam um objeto ou uma parte do objeto. Cada cápsula representa a caraterística da entidade presente na amostra de fala. Cada cápsula fornece dois valores correspondentes ao vetor de entrada fornecido: em primeiro lugar, a magnitude do vetor de saída, que representa a probabilidade da existência de uma determinada classe; em segundo lugar, a orientação informa os parâmetros de instanciação da entidade, como informações de translação e rotação. O algoritmo de encaminhamento por acordo aplicado entre as camadas da cápsula primária e da cápsula de classe ajuda a aprender a relação hierárquica entre a informação espacial aprendida. As CapsuleNets substituem o Max pooling da CNN pelo algoritmo de encaminhamento e os neurónios escalares da CNN por neurónios vectoriais.

O trabalho proposto utiliza o encaminhamento dinâmico entre cápsulas. A representação arquitetural das cápsulas é mostrada na Figura 10. Os valores vectoriais correlacionados com cada cápsula são considerados como tendo dois números: 1. Probabilidade de existência de caraterísticas 2. Conjunto de parâmetros de instanciação. O caminho relevante de um acordo resulta do facto de as cápsulas de nível inferior concordarem com as cápsulas de nível superior. Esta parte e toda a relação indicam um caminho relevante.

Cada cápsula "i" $(1 \leq i \leq N)$ na camada "l" tem um *vetor* de atividade $u_i \in \mathbb{R}$ para codificar a informação espacial sob a forma de um parâmetro de instanciação.

O vetor de saída u_i da i^{th} cápsula de nível inferior é introduzido em todas as cápsulas da camada seguinte, "$l + 1$". j^{th} cápsula na camada "$l + 1$" recebe u_i e encontra o seu produto com uma matriz de pesos correspondente w_{ij}. O vetor resultante $\hat{u}_{j|i}$ é a cápsula "i" ao nível "l" transformação da entidade representada por "j" cápsula ao nível "$l + 1$".

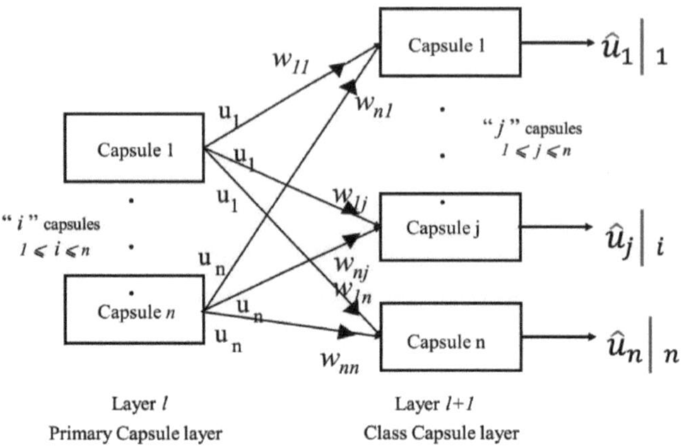

Figura 10 Arquitetura das cápsulas em CapsuleNets

$\hat{u}_{j|i}$o vetor utilizado para a previsão na cápsula primária indica o quanto a cápsula primária "i" contribui para a cápsula de classe "j". O vetor de previsão é dado na Eq. (9).

$$\hat{u}_{j|i} = w_{ij}\, u_i \qquad \text{... (9)}$$

O produto do vetor de previsão $\hat{u}_{j|i}$ e um coeficiente de acoplamento c_{ij} que representa a concordância entre as cápsulas é efectuado para obter uma única cápsula primária" $i's$" para a cápsula de classe "j"O produto $\hat{u}_{j|i}. c_{ij}$ representa a concordância. Se a concordância for elevada, ambas as cápsulas são relevantes para cada uma delas. Consequentemente, o coeficiente de acoplamento continua a aumentar. Caso contrário, o coeficiente de acoplamento diminui. O coeficiente de acoplamento é dado pela Eq. (10).

$$c_{ij} = \frac{exp(b_{ij})}{\Sigma_k\, exp(b_i k)} \qquad \text{... (10)}$$

Soma ponderada s_j de cada previsão da cápsula primária para a cápsula de classe "j" é calculada para obter candidatos para a função de esmagamento (v_j). As Eqs. (11) e (12) descrevem as operações em CapsuleNets

$$s_j = \sum_{i=1}^{N} c_{ij} \hat{u}_{j|i} \qquad \text{... (11)}$$

A função de esmagamento garante que o comprimento da saída das cápsulas se situa entre 0 e 1, representando a probabilidade.

$$v_j = \frac{\|s_j\|^2}{1+\|s_j\|^2} \frac{s_j}{\|s_j\|} \quad \text{... (12)}$$

Esmagamento v_j de uma camada de cápsula é encaminhado para a cápsula da camada seguinte. Coeficiente de acoplamento c_{ij}O coeficiente de acoplamento é o valor de "i" no nível "l" está ligada à de "j" na camada "$l + 1$". Para cada iteração, c_{ij} será revisto calculando o produto escalar de $\hat{u}_{j|_i}$ e v_j dado pela Eq. (13).

$$c_{ij} = \hat{u}_j\big|_i \cdot v_j \quad \text{... (13)}$$

Uma cápsula na camada "l" contribui para outra cápsula na camada "$l + 1,$" e esta contribuição é determinada pela matriz de pesos e pelo coeficiente escalar único. A contribuição total de qualquer cápsula é exatamente um, sendo que o esquema de votação contribui com mais coeficientes para a cápsula vencedora. A função de esmagamento não linear garante que os vectores curtos se aproximam de quase zero e os vectores longos se aproximam de um valor ligeiramente inferior a um, como indicado nas Eqs. (14) e (15). Assim, a função de esmagamento reduz-se a zero ou a um valor unitário.

$$v_j \approx \|s_j\|\, s_j \ \text{ para } s_j \ is\ short \quad \text{... (14)}$$

$$v_j \approx \frac{s_j}{\|s_j\|} \ \text{ para } s_j \ is\ long \quad \text{... (15)}$$

O pseudocódigo do processo de encaminhamento dinâmico explicado acima é apresentado no quadro 7. Este pseudocódigo explica o processo de encaminhamento entre as cápsulas utilizando a função squash. As variáveis utilizadas no algoritmo são descritas no quadro 8.

Tabela 7 Pseudocódigo para o algoritmo de encaminhamento dinâmico

Algoritmo para o algoritmo de encaminhamento dinâmico
Entrada: $\hat{u}_{j|_i}$, r, l
Saída: v_j

Procedimento DRA *($\hat{u}_{j|i}$, r, l)*
para todas as *cápsulas "i"* na *camada "l"* e *cápsula "j"* na *camada "l + 1":* $b_{ij} \leftarrow 0$
para *r* iterações, fazer
para todas as *cápsulas "i"* em *camada "l":* $c_i \leftarrow softmax\ (b_i)$
para todas as cápsulas *"j"* em *camada "l + 1":* $s_j = \sum_{i=1}^{N} c_{ij}\hat{u}_{j|i}$
para todas as *cápsulas "j"* em *camada "l + 1":* $v_j \leftarrow abóbora\ (s_j)$
para todas as *cápsulas "i"* na *camada l* e *cápsulas j* na *camada l+1:* $b_{ij} \leftarrow b_{ij} + \hat{u}_{j|i} . v_j$
retorno v_j

Tabela 8 Descrição das variáveis utilizadas no algoritmo de encaminhamento dinâmico

Variáveis	Descrição
l	camada inferior.
$l+1$	camada superior.
i	cápsula em camada "l".
j	cápsula em camada "$l + 1$".
u_i	vetor de atividade.
w_{ij}	matriz de pesos.
$\hat{u}_{j|i}$	vetor de previsão utilizado para a previsão na cápsula primária "i" contrib para a cápsula de classe "j".
b_{ij}	Probabilidades logarítmicas prévias de que a cápsula "i" deve ser acoplada à cápsula "j".
c_{ij}	coeficiente de acoplamento determinado pela DRA.
s_j	soma ponderada da previsão da cápsula para a classe cápsula "j".
v_j	Vetor de saída da cápsula "j".
r	Iterações de encaminhamento

A arquitetura completa do SER proposto neste trabalho está representada na Figura 11. A arquitetura deste trabalho começa com duas camadas de camadas de convolução 2D distribuídas no tempo. Estas camadas estão equipadas com um kernel de convolução de tamanho 3×3 com RELU como função de ativação. A normalização do lote é efectuada em cada camada de convolução para estabilizar o processo de aprendizagem. Estas camadas identificam as caraterísticas que têm uma pista significativa para a informação emocional das amostras de discurso e são fornecidas como entrada para as cápsulas primárias. A cápsula primária é uma camada de cápsula de convolução com 16 canais de cápsulas de convolução 8D (cada cápsula primária contém 8 camadas de convolução com um núcleo 3×3). A função de esmagamento é aplicada ao vetor de saída. O encaminhamento por acordo é aplicado a este vetor entre a camada de cápsulas primárias e a camada de cápsulas de classe.

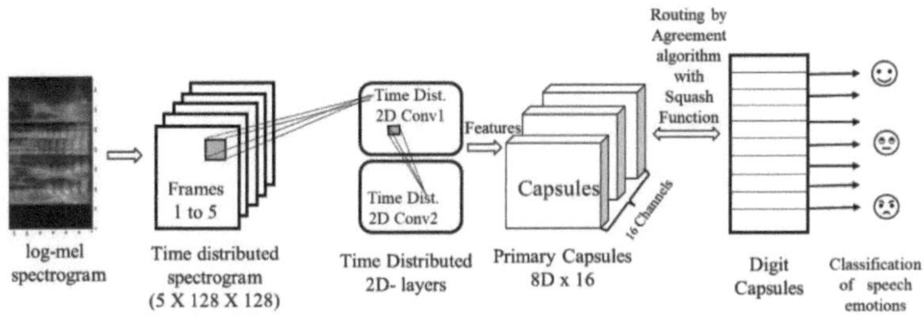

Figura 11 Arquitetura das redes de cápsulas em camadas com convolução 2D distribuída no tempo

Todos os logits de encaminhamento "b_{ij}", são inicialmente atribuídos a 0". Assim, todos os outputs das cápsulas u_i, são enviados para cápsulas-mãe com igual probabilidade "c_{ij}". A saída da última camada passa pela função de ativação sigmoide para mostrar a emoção provável. O modelo é compilado com um optimizador Adam com uma dinâmica de 0,8 e uma taxa de aprendizagem de 0,1. O modelo é treinado com um tamanho de lote de 64 amostras.

4.3 Implementação e resultados experimentais

O desempenho do modelo de rede CapsuleNets em camadas com convolução 2D distribuída no tempo proposto nos dois conjuntos de dados IEMOCAP e RAVDESS é avaliado e comparado com os métodos disponíveis na literatura, nomeadamente Issa et al. [25] e Mustaqeem et al. [26]. Issa *et al.* [85] implementaram uma CNN 1D para SER. Mustaqeem *et al.* [86] propuseram uma memória de curto prazo bidirecional profunda (BiLSTM) utilizando espectrogramas para SER.

A comparação das precisões de classificação obtidas pelas redes de cápsulas em camadas com convolução 2D distribuída no tempo propostas e pelos modelos propostos por Issa *et al.* [85] e Mustaqeem *et al.* [86] nos conjuntos de dados IEMOCAP e RAVDESS é apresentada na Tabela 9. O modelo proposto teve um bom desempenho e alcançou uma boa precisão de classificação.

As matrizes de confusão destes modelos nos conjuntos de dados IEMOCAP e RAVDESS são apresentadas na Tabela 10 e na Tabela 11. O modelo proposto de redes de cápsulas em camadas com convolução 2D distribuída no tempo é caracterizado por invólucros distribuídos no tempo que ajudam a recordar as pistas de emoção de cada fotograma e são concatenados pela camada de concatenação. Esta abordagem ajuda o modelo proposto a extrair e treinar as caraterísticas temporais. Por outro lado, as CapsuleNets, com a ajuda do algoritmo de encaminhamento dinâmico, extraem as caraterísticas espaciais. A classificação da emoção feliz, que é um desafio na SER, é efectuada com êxito pelo modelo proposto em relação aos outros dois modelos.

Tabela 9 Comparação da exatidão da classificação no IEMOCAP e no RAVDESS

IEMOCAP		
Issa *et al.*	**Mustaqeem *et al.***	**Redes de cápsulas em camadas com convolução 2D distribuída no tempo**
64.3%	72.25%	**93.2%**
RAVDESS		
Issa *et al.*	**Mustaqeem *et al.***	**Redes de cápsulas em camadas com convolução 2D distribuída no tempo**
71.6%	77.02%	**92.6%**

Quadro 10 Matrizes de confusão dos modelos na IEMOCAP

	Zangado (%)	Feliz (%)	Neutro (%)	Triste (%)
	Issa *et al.*			
Zangado (%)	**83**	12	0	5
Feliz (%)	10	**58**	5	27
Neutro (%)	5	9	**70**	16
Triste (%)	6	9	7	**78**

Mustaqeem *et al.*				
Zangado (%)	**92**	7	0	0
Feliz (%)	7	**64**	1	27
Neutro (%)	0	5	**79**	16
Triste (%)	5	5	0	**89**
Redes de cápsulas em camadas com convolução 2D distribuída no tempo				
Zangado (%)	**91.48**	1.41	6.3	0.7
Feliz (%)	3.4	**88.48**	6.54	1.57
Neutro (%)	1.24	0.65	**96.9**	1.17
Triste (%)	0.35	0.23	6.9	**92.51**

As pontuações de Precisão, Recuperação e F1 para cada emoção são comparadas e apresentadas no Quadro 12 para o IEMOCAP e no Quadro 13 para o RAVDESS. A precisão é a capacidade do modelo para identificar apenas as emoções relevantes e a recuperação é a capacidade do modelo para encontrar todos os casos relevantes no conjunto de dados. A pontuação F1 é a média harmónica de Precisão e Recuperação. A pontuação F1 mais próxima do valor 1 indica o melhor desempenho do modelo. Observa-se que a pontuação F1 de todas as emoções para o modelo proposto ultrapassou 0,9, o que mostra a eficácia do modelo proposto. No entanto, a emoção de zanga, que é transmitida principalmente pelas caraterísticas espaciais, é bem reconhecida pelo modelo proposto por Mustaqeem *et al.* [86].

Quadro 11 Matrizes de confusão de todos os modelos no RAVDESS
A - Zangado, D - Desgosto, F - Medo, H - Feliz, C - Calmo, S - Triste, Su - Surpresa

	A (%)	D (%)	F (%)	H (%)	C (%)	S (%)	Su (%)
Issa *et al.*							
A (%)	**92.31**	3.85	3.85	0	0	0	0
D (%)	3.45	**72.41**	3.45	6.9	0	0	3.79
F (%)	2.7	5.41	**75.68**	5.41	2.7	0	8.11
H (%)	3.23	3.23	9.68	**67.74**	0	0	16.13
C (%)	0	10.71	0	3.57	**57.14**	17.86	3.57
S (%)	0	7.41	18.52	7.41	7.4	**51.85**	7.41
Su (%)	0	6.67	6.67	6.67	0	0	**80**
Mustaqeem *et al.*							
A (%)	**99**	0	0	0	0	0	1
D (%)	4	**90**	1	0	5	0	0
F (%)	4	0	**93**	1	3	0	0
H (%)	2	0	10	**50**	28	2	7
C (%)	11	0	0	0	**73**	17	0

S (%)	0	0	1	0	27	**66**	6
Su (%)	3	0	0	0	2	0	**96**
Redes de cápsulas em camadas com convolução 2D distribuída no tempo							
A (%)	**93.99**	3.1	0.35	0.7	1.06	0.35	0.35
D (%)	0.76	**93.12**	0.76	0.76	1.9	2.6	0
F (%)	0.76	0.38	**95.43**	1.14	0.38	0.76	1.14
H (%)	1.03	0.34	2.06	**93.4**	1.03	0.68	1.37
C (%)	0	0	0.27	2.17	**94.2**	2.72	0.05
S (%)	0	0.36	3.27	0.36	1.45	**93.81**	0.72
Su (%)	0.36	1.4	0.36	1.09	0	2.18	**94.52**

Tabela 12 Precisão, Recall e pontuação F1 de todos os modelos no IEMOCAP

	Zangado	Feliz	Neutro	Triste
Issa *et al.*				
Precisão	0.83	0.58	0.70	0.78
Recall	0.80	0.66	0.85	0.62
F1	0.81	0.62	0.77	0.69
Mustaqeem *et al.*				
Precisão	**0.91**	0.68	**0.98**	0.73
Recall	**0.92**	0.64	0.79	0.89
F1	**0.92**	0.66	0.88	0.81
Redes de cápsulas em camadas com convolução 2D distribuída no tempo				
Precisão	0.91	**0.88**	0.97	**0.92**
Recall	0.91	**0.95**	**0.93**	**0.97**
F1	0.90	**0.91**	**0.95**	**0.94**

Tabela 13 Precisão, recuperação e pontuação F1 de todos os modelos no RAVDESS

	Zangado	Nojo	Medo	Feliz	Calmo	Triste	Surpresa
Issa *et al.*							
Precisão	0.94	0.83	0.77	0.68	0.63	0.53	0.82
Recall	0.92	0.68	0.66	0.71	0.86	0.75	0.68
F1	0.93	0.75	0.71	0.70	0.73	0.62	0.74
Mustaqeem *et al.*							
Precisão	0.83	**0.99**	0.90	0.99	0.63	0.94	**0.89**
Recall	0.99	**0.90**	0.93	0.50	0.95	0.66	**0.96**
F1	0.90	**0.94**	0.91	0.66	0.76	0.77	**0.92**
Redes de cápsulas em camadas com convolução 2D distribuída no tempo							
Precisão	**0.94**	0.93	**0.95**	**0.93**	**0.95**	**0.94**	0.94
Recall	**0.97**	0.94	**0.92**	**0.95**	**0.97**	**0.95**	0.9
F1	**0.95**	0.93	**0.94**	**0.94**	**0.95**	**0.95**	0.91

Os modelos tradicionais na literatura utilizaram a informação do domínio espacial ou do domínio temporal para a SER. Estes modelos tiveram um bom desempenho na classificação de algumas classes de emoções, mas falharam noutras emoções. O modelo proposto funcionou eficientemente em ambos os domínios e obteve um resultado notável. Para concluir, a proposta de Redes de Cápsulas em camadas com convolução 2D distribuída no tempo aumentou a precisão da classificação do modelo SER em relação ao modelo anterior TDACNN [7]. Além disso, a outra limitação da TDACNN - classificação inadequada da emoção neutra no IEMOCAP e das emoções calma e triste no RAVDESS - também foi ultrapassada. No entanto, duas emoções, a saber, o nojo e a surpresa no conjunto de dados RAVDESS e a raiva no conjunto de dados IEMOCAP, estão a ter uma menor precisão de classificação. Assim, para ultrapassar a ineficácia de um único modelo na classificação de todas as emoções, é proposta no próximo capítulo uma nova rede de classificação, a Neural Network-based Blended Ensemble Learning (NNBEL).

5. APRENDIZAGEM COMBINADA DE CONJUNTOS BASEADA EM REDES NEURONAIS PARA IDENTIFICAR EMOÇÕES A PARTIR DO DISCURSO

É proposta uma nova abordagem que utiliza a aprendizagem em conjunto de modelos DNN para lidar com as limitações oferecidas pelos dois modelos anteriores. O modelo Neural Network based Blended Ensemble Learning (NNBEL) [6], que é um modelo de conjunto empilhado de 1D CNN, Long Short-Term Memory (LSTM), e CapsuleNet na camada de base e Multi-Layer Perceptron (MLP) na meta camada, é proposto para extrair as pistas espácio-temporais necessárias para classificar as emoções humanas.

5.1 Revisão da classificação baseada na Aprendizagem de Conjuntos

A aprendizagem em conjunto é um processo de combinação de vários algoritmos de aprendizagem para melhorar o desempenho, em que cada algoritmo de aprendizagem pode ser treinado em diferentes subconjuntos de caraterísticas [27,28]. Cada algoritmo de aprendizagem ou modelo de classificação pode ter um melhor desempenho individual, mas quando são combinados, o desempenho agregado melhora. Existem 3 estratégias padrão de aprendizagem em conjunto, nomeadamente Bagging, Boosting e Stacking.

O ensemble é um conjunto paralelo com todos os modelos semelhantes. Oferece a vantagem de reduzir a variância e eliminar o sobreajuste dos modelos no aprendiz do conjunto. A desvantagem é que introduz a interpretabilidade do modelo. O modelo de ensacamento pode resultar num elevado enviesamento e subadaptação se o modelo não for corretamente modelado.

O Boosting é um conjunto sequencial dos mesmos modelos. Ao contrário do ensacamento, cada modelo é influenciado pelo desempenho do modelo anterior. O ensacamento é normalmente utilizado em aprendentes fracos que apresentam uma variância elevada e uma tendência baixa, enquanto os métodos de reforço são utilizados quando se observa uma variância baixa e uma tendência elevada. Os métodos de reforço são susceptíveis de sobreajuste. No entanto, este sobreajuste pode ser ultrapassado através da afinação correta dos parâmetros.

O empilhamento, também designado por mistura, é uma combinação heterogénea de aprendizes fracos, ao contrário do ensacamento e do reforço. Além disso, o conjunto de empilhamento aprende a combinar a previsão dos modelos de base através de um meta-modelo. Por outro lado, o ensacamento e o reforço combinam a previsão dos alunos fracos através de algoritmos determinísticos. A generalização é a principal vantagem do modelo de conjunto de empilhamento. Esta caraterística é conseguida através da combinação das melhores caraterísticas de todos os modelos fracos. A desvantagem do modelo é o facto de a sua formação ser morosa. A arquitetura de ensacamento, reforço e empilhamento é apresentada na Figura 12.

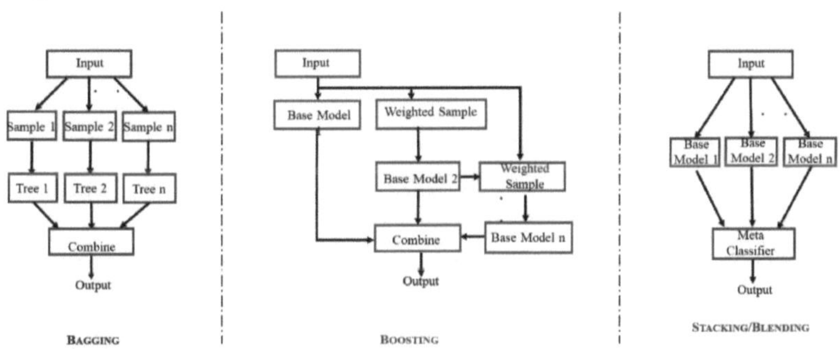

Figura 12 Arquitetura do modelo Bagging, Boosting e Stacking/Blending Ensemble

5.2 Algoritmo para a aprendizagem combinada de conjuntos baseada em redes neuronais (NNBEL)

No trabalho proposto, o espetrograma log-mel é alimentado ao LSTM, e os MFCCs são alimentados à CNN 1D e às CapsuleNets, tendo em conta as compatibilidades das redes. Os primeiros 13 coeficientes do MFCC são extraídos e utilizados para as redes 1D CNN e CapsuleNets. As CapsuleNets funcionam melhor com entradas vectoriais [93] e a 1D CNN apresenta bons resultados utilizando as caraterísticas vectoriais do MFCC. O log mel-espetrograma dividido em 5 quadros sobrepostos é obtido como entrada para o modelo LSTM. A arquitetura do modelo proposto é apresentada na Figura 13.

O primeiro modelo de base da NNBEL, que é a CNN 1D, é alimentado com MFCC como entrada. A CNN 1D, introduzida há alguns anos, é adequada para dados de séries temporais com propriedades espaciais [29]. A arquitetura do primeiro classificador de base 1D CNN para SER é apresentada na Figura 14. O 1D CNN tem a capacidade de extração e classificação de caraterísticas e a complexidade computacional é menor.

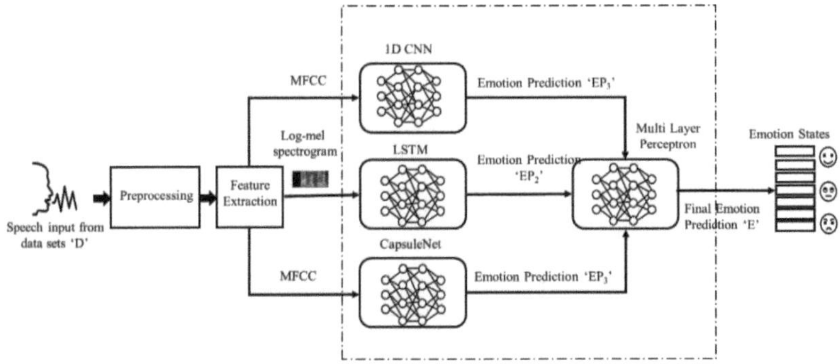

Figura 13 Arquitetura da aprendizagem combinada de conjuntos baseada em redes neuronais para SER

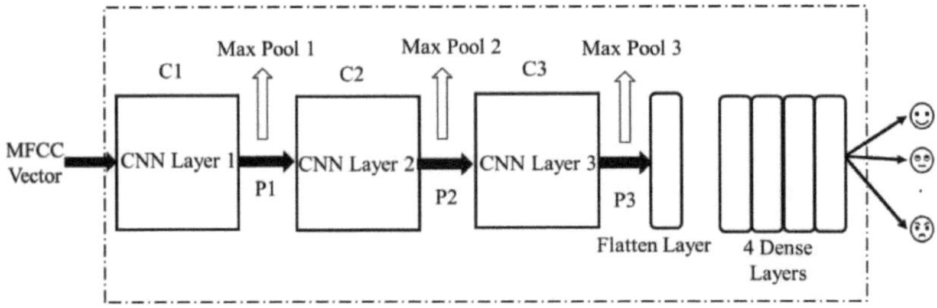

Figura 14 Arquitetura do classificador de base - CNN 1D

O segundo modelo de base é o LSTM e o espetrograma log-mel é dado como entrada neste modelo. A LSTM é uma rede neural artificial proposta para ultrapassar os problemas de curto prazo da RNN. A LSTM tem a capacidade de processar dados de séries temporais de duração desconhecida, como discurso e vídeo, recordando dados passados na memória. A unidade LSTM é constituída por uma célula, uma porta de entrada, uma porta de saída e uma porta de esquecimento. A arquitetura geral do modelo LSTM é ilustrada na Figura 15.

As CapsuleNets são o terceiro modelo de base do NNBEL. O vetor MFCC é dado como entrada para este aprendiz de base. As redes de cápsulas são um tipo especial de rede neural artificial que ultrapassa a desvantagem do agrupamento máximo das CNN. A arquitetura das CapsuleNets está representada na Figura 16. A rede tem camadas de convolução 1D para extrair as caraterísticas. O vetor MFCC é fornecido como entrada para esta rede. As camadas de cápsulas do modelo garantem que o conhecimento espacial adquirido nas camadas iniciais não é perdido. O encaminhamento dinâmico por acordo aprende relações hierárquicas entre os conhecimentos espaciais adquiridos.

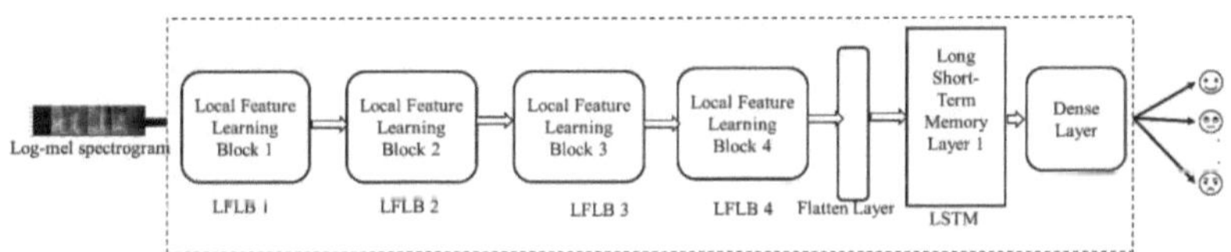

Figura 15 Arquitetura do classificador de base - LSTM

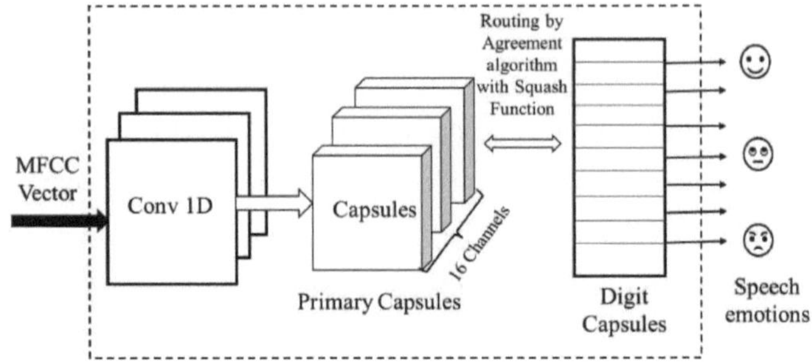

Figura 16: Arquitetura do classificador de base - CapsuleNets

O modelo proposto utilizou o Perceptron de Múltiplas Camadas (MLP) como meta classificador. O MLP, que é uma rede neural artificial composta por uma camada de entrada, uma camada de saída e duas camadas ocultas, é utilizado para a aprendizagem supervisionada das previsões de emoções fornecidas pelos classificadores de base. O modelo treina o conjunto de previsões de emoções estimadas e os pares de emoções reais para aprender as correlações entre eles. O treinamento envolve o ajuste de parâmetros como pesos e bias para minimizar o erro. Neste modelo proposto, é utilizada uma função de ativação softmax com MLP. A arquitetura da MLP utilizada neste trabalho é apresentada na Figura 17. O MLP é escolhido como meta-classificador devido à sua simplicidade e menores requisitos computacionais.

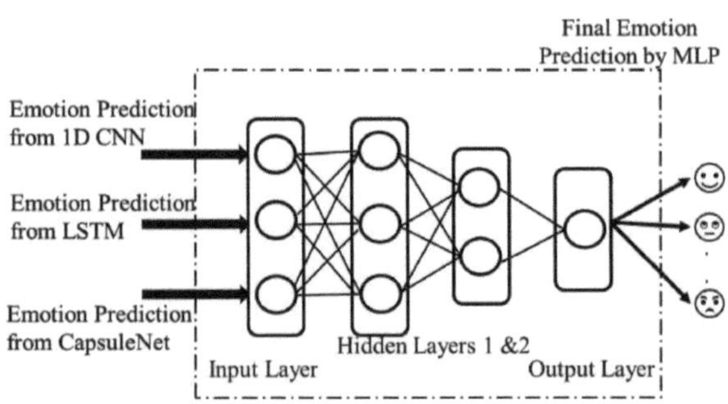

Figura 17: Arquitetura do Perceptron de Múltiplas Camadas

O diagrama do processo do modelo de conjunto misto é apresentado na Figura 18. O pseudocódigo detalhado do modelo NNBRL é apresentado na Tabela 14. As variáveis utilizadas no modelo são apresentadas na Tabela 15. Os dados de treino e de teste são divididos em D_{Train} e D_{Test} num rácio de 80 e 20. A informação de D_{Train} é utilizada para treinar os classificadores de base - BC_1 , BC_2 , BC_3 que são 1D CNN, LSTM, CapsuleNet, respetivamente. Os modelos de classificadores de base são treinados individualmente e são geradas previsões de emoções EP_1 , EP_2 , EP_3 que são introduzidas na segunda camada do modelo proposto, ou seja, o meta-classificador MLP.

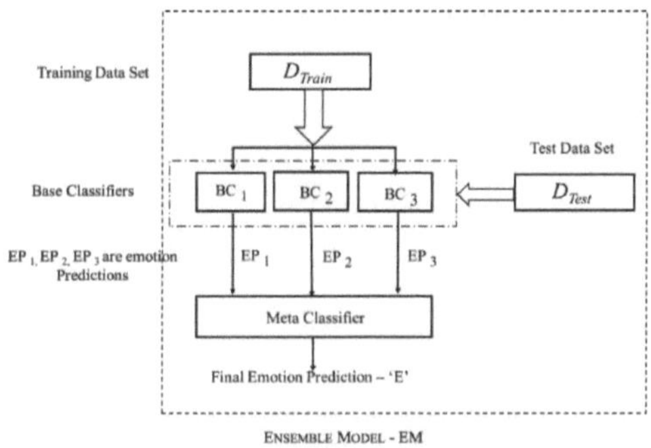

Figura 18: Arquitetura do Aluno de Conjunto Combinado

A segunda camada combina a saída e é treinada com as previsões dos classificadores de base e produz a previsão final da emoção "E". O conjunto de dados de teste D_{Test} é enviado para o classificador de base, que prevê individualmente as emoções com a ajuda do conhecimento treinado. As previsões de teste são posteriormente enviadas para o classificador de segundo nível. Um novo conjunto de dados D'= *{ DP, D_{Train} }*, em que *DP=BC_1 (D_{Test}), BC2 = (D_{Test})*... que é uma combinação das previsões de teste e do conhecimento anterior criado pelo conjunto de dados de treino, *DT_{rain}* . A emoção final "E" é prevista pelo modelo de conjunto EM.

Quadro 14 Pseudocódigo para NNBEL

Algoritmo para aprendizagem combinada de conjuntos
***Entrada**: Conjunto de dados* $\boldsymbol{D=\{D_{Train}, D\}_{Test}}$
Resultados**: Modelo de conjunto aprendido **EM**, previsão da emoção classificada **E
Procedimento BEL $\boldsymbol{(D_{Train}, D)_{Test}}$
***Passo 1:** Aprender todos os **classificadores** de base*
para** n=1 a n, **fazer
Aprender $\boldsymbol{BC_n}$ *com base em* $\boldsymbol{D_{Train}}$
fim para
***Passo 2:** Construir um novo conjunto de dados de Previsões*
$\boldsymbol{D'=\{DP, D_{Train}\}}$; $DP=\{BC_1\ (D_{Test}),\ BC2 = (D_{Test}) \ldots\ldots\ BCn\ (D_{Test})\};$
***Passo 3:** Aprender o meta classificador*
*Aprender **EM** com base em **D'***
devolver EM, E

Quadro 15 Descrição das variáveis do pseudocódigo NNBEL

Variáveis	**Descrição**
n	número de classificadores de base
BC_n	Classificador de base
EM	Modelo de conjunto
D	Conjunto de dados
D_{Train}	Conjunto de dados de treino
D_{Test}	Conjunto de dados de teste
D'	Conjunto de dados de previsão gerado para treinar o Meta-classificador
DP	Conjunto de previsões fornecido por cada classificador de base BC_n
E	Previsão da emoção final

No modelo proposto NNBEL, as caraterísticas MFCC do conjunto de dados D_{Train} são introduzidas em 1D CNN e CapsuleNets, que são classificadores de base BC_1 e BC_3 . O espetrograma log mel é alimentado ao classificador LSTM BC_2 . Os modelos são treinados individualmente, e as emoções previstas são introduzidas no MLP, que é o meta-classificador. O MLP é treinado no conjunto de dados $D'=\{DP, D_{Train}\}$ como indicado no Algoritmo 1. O NNBEL treinado está pronto para ser testado no conjunto de dados de teste D_{Test}. As caraterísticas MFCC do conjunto de dados de teste D_{Test} são transmitidas individualmente à CNN 1D e às CapsuleNets e os espectrogramas de registo mel do conjunto de dados de teste

D_{Test} ao LSTM. As previsões de teste efectuadas pelos classificadores de base são transmitidas ao MLP que, por sua vez, prevê a emoção 'E' relevante para o sinal de fala D_{Test} fornecido ao modelo.

5.3 Implementação e resultados experimentais

O desempenho do modelo NNBEL proposto nos dois conjuntos de dados IEMOCAP e RAVDESS é avaliado e comparado com os métodos disponíveis na literatura, nomeadamente, Bhavan *et al.* [60] e Zheng *et al.* [62]. O treino e o teste são efectuados nos conjuntos de dados utilizando uma validação cruzada de 10 vezes e é implementada uma paragem precoce para reduzir a complexidade do conjunto. A taxa de aprendizagem de cada classificador é escolhida através de um processo de tentativa e erro, de modo a que o modelo convirja.

A comparação das precisões de classificação obtidas pelas redes de cápsulas em camadas com convolução 2D distribuída no tempo propostas e pelos modelos propostos por Bhavan *et al.* [60] e Zheng *et al.* [62] nos conjuntos de dados IEMOCAP e RAVDESS é apresentada na Tabela 16. O modelo proposto teve um bom desempenho e alcançou uma boa precisão de classificação. Os outros modelos, para além do modelo proposto, tiveram um bom desempenho no IEMOCAP, mas não obtiveram uma boa precisão de classificação no RAVDESS. O modelo NNBEL é consistente em ambos os conjuntos de dados. O conjunto de dados RAVDESS, com mais classes, é corretamente classificado pelo NNBEL.

Quadro 16 Comparação da exatidão da classificação no IEMOCAP e no RAVDESS

IEMOCAP		
Bhavan *et al.*	**Zheng *et al.***	**NNBEL**
92.45%	75%	**97.5%**
RAVDESS		
Bhavan *et al.*	**Zheng *et al.***	**NNBEL**
75.69%	80.2%	**95.3%**

As matrizes de confusão destes modelos nos conjuntos de dados IEMOCAP e RAVDESS são apresentadas na Tabela 17 e na Tabela 18. O modelo proposto é bem sucedido no aspeto da classificação de emoções de baixa e alta excitação, considerando caraterísticas adequadas para modelos na primeira e segunda camadas do classificador NNBEL . Este padrão conseguiu generalizar a maioria das emoções e ambas as bases de dados.

A precisão, a recuperação e a pontuação F1 para cada emoção são comparadas e apresentadas na Tabela 19 para o IEMOCAP e na Tabela 20 para o RAVDESS. Observa-se que a pontuação F1 de todas as emoções para o NNBEL ultrapassou 0,9, o que mostra a eficácia do modelo proposto. No entanto, a emoção feliz, que é uma caraterística crucial, também é reconhecida de forma semelhante no IEMOCAP pelo modelo proposto por Bhavan *et al.* [60]. A pontuação F1 de todas as emoções no RAVDESS do modelo proposto é mais elevada do que a dos outros modelos. Isto mostra a vantagem de extrair as caraterísticas espaciais e temporais no modelo NNBEL de conjunto.

Quadro 17 Matrizes de confusão dos modelos no IEMOCAP

	Zangado (%)	Feliz (%)	Neutro (%)	Triste (%)
		Bhavan *et al.*		
Zangado (%)	**88.5**	5.3	4.6	0.93
Feliz (%)	8.3	**84**	2	5.7
Neutro (%)	6.6	0	**90**	3.5
Triste (%)	2.7	3.4	8.6	**85**
		Zheng *et al.*		
Zangado (%)	**77.6**	13	5.6	3.7
Feliz (%)	3.8	**73.7**	14.7	7.7
Neutro (%)	3.4	4.4	**89.2**	3
Triste (%)	6.4	13.3	18	**62.3**
		NNBEL		
Zangado (%)	**93**	2.1	2.2	2.7
Feliz (%)	6.1	**89.6**	2.2	2.1
Neutro (%)	3.7	3.2	**91.5**	1.6
Triste (%)	1.2	2.7	3.9	**92.2**

Quadro 18 Matrizes de confusão de todos os modelos no RAVDESS
A - Zangado, D - Desgosto, F - Medo, H - Feliz, C - Calmo, S - Triste, Su - Surpresa

	A (%)	D (%)	F (%)	H (%)	C (%)	S (%)	Su (%)
				Bhavan *et al.*			
A (%)	**70.9**	12.4	0	11.8	0	0	4.9
D (%)	0	**86.3**	0	0	0	10.2	3.5
F (%)	0	0	**71.04**	10.5	0	6.2	12.2
H (%)	0	6.6	7.5	**74.87**	0	3.5	7.5

C (%)	0	2.1	3.2	0	**94.7**	0	0
S (%)	0	0	20.7	0	6.7	**72.6**	0
Su (%)	0	0	2.2	1.9	0	0	**95.9**
			Zheng *et al.*				
A (%)	**75.6**	18.4	0	0	0	0	6.3
D (%)	1.4	**81.2**	0	0	12.4	0	5
F (%)	13.38	0	**69.3**	3.9	0	1.5	11.6
H (%)	4.8	4	2.4	**64.8**	19.6	0	3.7
C (%)	0	0	0	0	**97.6**	2	0
S (%)	21.1	0	0	2.7	22.93	**53.21**	0
Su (%)	0	1.2	0	2.6	4.2	0	**92**
			NNBEL				
A (%)	**91.9**	2.1	0	2.2	0	0	3.8
D (%)	0	**96**	3.5	0	0	0	3.5
F (%)	3.3	0	**93**	0	0	0	3.6
H (%)	2.7	0	0	**90.8**	6.5	0	0
C (%)	0	0	1	0	**99**	0	0
S (%)	2.4	0	0	0	0	**92**	5.6
Su (%)	1.9	0	0	0	2.1	0	**96**

Tabela 19 Precisão, Recall e pontuação F1 de todos os modelos no IEMOCAP

	Zangado	Feliz	Neutro	Triste
		Bhavan *et al.*		
Precisão	0.91	**0.91**	0.91	0.87
Recall	0.91	0.91	0.87	0.91
F1	0.91	0.91	0.89	0.89
		Zheng *et al.*		
Precisão	0.79	0.75	0.90	0.63
Recall	0.87	0.71	0.71	0.83
F1	0.82	0.73	0.79	0.71
		NNBEL		
Precisão	**0.94**	0.90	**0.93**	**0.94**
Recall	**0.90**	**0.93**	**0.93**	**0.95**
F1	**0.92**	**0.91**	**0.93**	**0.94**

Tabela 20 Precisão, Recall e pontuação F1 de todos os modelos no RAVDESS

	Zangado	Nojo	Medo	Feliz	Calmo	Triste	Surpresa
			Bhavan *et al.*				
Precisão	0.72	0.87	0.72	0.76	0.95	0.73	0.97
Recall	**1.0**	0.81	0.69	0.77	**0.94**	0.79	0.79
F1	0.84	0.84	0.70	0.77	0.94	0.76	0.87
			Zheng *et al.*				
Precisão	0.76	0.82	0.71	0.67	0.98	0.54	0.93
Recall	0.66	0.78	0.97	0.90	0.63	0.95	0.79
F1	0.70	0.80	0.82	0.77	0.77	0.69	0.85
			NNBEL				
Precisão	**0.93**	**0.94**	**0.94**	**0.92**	**0.99**	**0.93**	**0.97**

Recall	0.92	**0.98**	**0.96**	**0.98**	0.93	**1.0**	**0.87**
F1	**0.92**	**0.96**	**0.95**	**0.95**	**0.96**	**0.96**	**0.92**

Para concluir, o modelo de conjunto de DNNs NNBEL aumentou muito a precisão da classificação. O modelo conseguiu generalizar todas as emoções em ambos os conjuntos de dados. A emoção feliz, que não é corretamente classificada por muitos dos modelos dos capítulos anteriores, é melhor classificada pelo modelo NNBEL. A técnica de conjunto de DNN utilizada neste modelo alcançou uma SER eficiente em relação ao modelo de conjunto de ML.

6. CONCLUSÕES E DIRECÇÕES FUTURAS

6.1 Conclusões

O reconhecimento de emoções na fala (SER) é uma área de investigação crucial e tem aplicações em sistemas de assistência por voz, sistemas de segurança automóvel, sistemas de apoio a crianças e adultos, comércio eletrónico, entretenimento, etc. O desempenho do SER depende da escolha de caraterísticas e classificadores adequados que possam lidar com as caraterísticas espácio-temporais das séries temporais de sinais de fala. O desempenho é avaliado através de várias métricas de desempenho, nomeadamente, a exatidão da classificação, a matriz de confusão, a precisão, a recuperação e a pontuação F1. O SER proposto é verificado em duas bases de dados, a saber, os conjuntos de dados IEMOCAP e RAVDESS.

As caraterísticas adequadas para o SER são classificadas como prosódicas, espectrais, híbridas e de espetrograma. A seleção de caraterísticas prosódicas ou espectrais não ajudará o modelo a alcançar uma boa precisão de classificação. O espetrograma é a combinação das caraterísticas prosódicas e espectrais. Assim, o espetrograma, que é uma representação de imagem da fala, é selecionado como entrada para o SER. Além disso, esta caraterística adapta-se melhor aos modelos DNN .

Estão disponíveis vários algoritmos de classificação, nomeadamente ML, DNN e Ensemble learning. Os modelos ML para SER têm como limitações uma menor precisão de classificação e uma elevada confusão entre emoções. Para além disso, estes modelos são sensíveis a valores atípicos. Em contrapartida, os modelos DNN são adequados para caraterísticas do espetrograma e podem captar caraterísticas espaciais e temporais. No entanto, um único modelo DNN não é suficiente para treinar e classificar o conteúdo espácio-temporal da fala. A fim de obter um sistema SER generalizado, é proposta uma combinação de modelos DNN e ML, uma combinação de modelos DNN e um modelo de conjunto de modelos DNN.

O primeiro algoritmo proposto baseia-se na combinação do modelo DNN para extrair as caraterísticas e do modelo ML de conjunto ensemble para a classificação. O TDACNN com um classificador RF de aprendizagem em conjunto [7] é apresentado no Capítulo 3. O espetrograma log-mel é dado como entrada para a TDACNN, que é uma rede profunda concebida para captar as caraterísticas das variantes temporais. As camadas de atenção na TDACNN captaram o conteúdo espacial do discurso. O modelo de aprendizagem ML de conjunto ensemble RF é utilizado para a classificação. O algoritmo RF é um conjunto de árvores de decisão e tem a vantagem de generalizar sobre vários factores. Além disso, ultrapassa a limitação de sobreajuste de muitos algoritmos ML.

O desempenho do modelo TDACNN-RF é comparado com os modelos CNN, CNN-RF e TDACNN. O modelo TDACNN-RF alcançou uma boa precisão de classificação. No entanto, a emoção neutra no IEMOCAP e a emoção triste e calma no RAVDESS não são corretamente classificadas, sendo ainda necessário melhorar o trabalho com informações espaciais.

A fim de melhorar ainda mais o desempenho do sistema SER através do tratamento da informação espacial, é proposta uma combinação de modelos DNN. No Capítulo 4 é apresentado o modelo Time Distributed 2D-Convolution Layers with CapsuleNets [5]. O modelo proposto está equipado com CapsuleNets, que são especialmente capazes de captar a informação espacial. As camadas de convolução 2D distribuídas no tempo são precedidas na arquitetura pelas redes de cápsulas para extrair as caraterísticas temporais das séries temporais do sinal de voz. O espetrograma log-mel é considerado como a entrada para as camadas de convolução 2D distribuída no tempo. As camadas de convolução 2D distribuídas no tempo funcionam eficazmente em amostras de discurso que têm os sinais de emoção em apenas alguns fotogramas. Por outro lado, as CapsuleNets funcionam eficazmente no caso de sinais de discurso com emoção espalhada por todos os fotogramas.

O modelo de camadas de convolução 2D distribuídas no tempo com CapsuleNets obteve uma boa precisão de classificação. As emoções feliz, triste, zangada e calma são bem classificadas pelo modelo proposto e todas as pontuações F1 são superiores a 0,90. A emoção neutra e a emoção triste são classificadas corretamente, o que constitui uma limitação do modelo anterior TDACNN-RF [7]. Embora estas emoções de baixa excitação estejam corretamente classificadas, a emoção raiva do conjunto de dados IEMOCAP e as emoções nojo e surpresa do conjunto de dados RAVDESS apresentam confusões de classe.

Para equilibrar as emoções de baixa e alta excitação, é proposta uma fusão de vários modelos. No Capítulo 5, é proposto um modelo de conjunto de modelos DNN para lidar com informação espácio-temporal que pode generalizar a classificação de emoções de baixa e alta excitação. O modelo NNBEL [6] é proposto para ultrapassar as limitações dos modelos anteriores. O modelo NNBEL é cuidadosamente selecionado com três modelos de base que são capazes de lidar com as caraterísticas espácio-temporais do sinal de fala. Os três modelos de base são 1D CNN, LSTM e CapsuleNets. Para captar e treinar a informação temporal, foram escolhidos o 1D CNN e o LSTM. Por outro lado, para captar e treinar a informação espacial, são escolhidas as CapsuleNets. A rede MLP é utilizada na meta camada para treinar as previsões efectuadas pelas camadas de base.

A estratégia de implementação de um conjunto de modelos DNN resultou numa classificação equilibrada entre as duas emoções de excitação. Além disso, são alcançadas elevadas exactidões de classificação. A pontuação F1, que é a média harmónica de Precisão e Recuperação, também varia entre 0,91 e 0,96 em ambos os conjuntos de dados. As confusões de classe entre todas as emoções são muito reduzidas devido ao modelo de conjunto.

Em resumo, neste trabalho de investigação, são propostos três modelos de classificação com caraterísticas adequadas para o reconhecimento eficiente de emoções a partir de discurso não linguístico. 1. O primeiro modelo é uma combinação do modelo DNN para extração de caraterísticas e do modelo ML de conjunto ensacado para classificação - modelo TDACNN-RF. Este modelo fornece uma metodologia adequada para a extração de caraterísticas temporais. 2. O modelo seguinte é uma combinação de dois modelos DNN - o modelo Time Distributed 2D-Convolution Layers with CapsuleNets, em que cada modelo é selecionado para tratar caraterísticas temporais e espaciais. Este modelo teve um bom desempenho com caraterísticas espaciais e funcionou bem com emoções de baixa excitação. 3. o terceiro modelo é um modelo de conjunto empilhado dos três melhores modelos DNN ao nível da base e um modelo de rede neural simples na meta camada -NNBEL. Os modelos de base são cuidadosamente selecionados e as caraterísticas são alimentadas separadamente, a fim de tratar separadamente as caraterísticas espácio-temporais. Este modelo apresentou um desempenho equilibrado em todas as emoções e resultou num sistema SER robusto e eficiente.

6.2 Direcções futuras

O desempenho dos sistemas SER ainda tem de ser melhorado para aplicações robustas em tempo real. A complexidade computacional deve ser reduzida através de um procedimento adequado para extrair as caraterísticas. Por conseguinte, deve ser desenvolvida uma rede neural robusta em camadas profundas para uma extração eficiente de caraterísticas espácio-temporais dos fotogramas de voz.

A complexidade computacional oferecida pelos algoritmos de aprendizagem profunda limita a utilização do sistema SER em aplicações de baixo custo em tempo real. Esta limitação de complexidade pode ser ultrapassada através da conceção de um modelo VLSI.

Além disso, a Internet das Coisas pode ser incorporada para efeitos de extração de caraterísticas e processo de classificação no servidor para reduzir o custo e a complexidade do espaço no cliente. No entanto, o cliente deve estar ligado ao servidor através da Internet. Além disso, pode haver ainda um lapso de tempo considerável. Além disso, deve ser efectuado um estudo de viabilidade para a aplicação dos algoritmos em hardware.

Os modelos propostos são implementados em conjuntos de dados de referência de discurso actuado ou simulado da língua inglesa. No entanto, o desempenho e a capacidade de generalização podem ser verificados noutras línguas regionais e em conjuntos de dados espontâneos.

7. REFERÊNCIAS

[1] James A. Russell e Albert Mehrabian, "Evidence for a three-fator theory of emotions," *Journal of Research in Personality*, vol. 11, no. 3, pp. 273-294, set. 1977.

[2] Mehmet Berkehan Akçay, e Kaya Oğuz, "Speech emotion recognition: Modelos emocionais, bases de dados, caraterísticas, métodos de pré-processamento, modalidades de suporte e classificadores". *Speech Communication.* 116. 10.1016/j.specom.2019.12.001. 2020.

[3] Md. Shah Fahad, Ashish Ranjan, Jainath Yadav e Akshay Deepak, "A Survey of Speech Emotion Recognition in Natural Environment". *Digital Signal Processing*, vol. 110, no. Mar. 2021.

[4] Babak Joze Abbaschian, Daniel Sierra-Sosa e Adel Elmaghraby, "Técnicas de aprendizagem profunda para reconhecimento de emoções de fala, de bancos de dados a modelos". *Sensors* 2021, *21*, 1249.

[5] Bhanusree Yalamanchili, Koteswara Rao Anne e Srinivas Kumar Samayamantula, "Speech Emotion Recognition using Time Distributed 2D-Convolution layers for CAPSULENETS," *Multimedia Tools and Applications,* 81, 16945-16966, 2022.

[6] Bhanusree Yalamanchili, Srinivas Kumar Samayamantula, e Koteswara Rao Anne, "Neural network-based blended ensemble learning for speech emotion recognition," *Multidimensional Systems and Signal Processing*, 2022.

[7] Bhanusree Yalamanchili, Srinivas Kumar Samayamantula, e Koteswara Rao Anne, "Time Distributed Attention Layered Convolution Neural Network with Ensemble Learning using Random Forest Classifier for Speech Emotion Recognition", *Journal of Information and Communication Technology.*

[8] Eva Lieskovská, Maroš Jakubec, Roman Jarina, e Michal Chmulík, "A Review on Speech Emotion Recognition Using Deep Learning and Attention Mechanism". *Eletrónica.* 10(10):1163. 2021.

[9] Carlos Busso, Murtaza Bulut, Chi-Chun Lee, Abe Kazemzadeh, Emily Mower Provost, Samuel Kim Kim, Jeannette Chang, Sungbok Lee, e Shrikanth S. Narayanan, "IEMOCAP: interactive emotional dyadic motion capture database". *Language Resources and Evaluation, 42.* 335-359. (2008)

[10] Steven R. Livingstone e Frank A. Russo, "A base de dados audiovisual ryerson de discurso e canção emocional (ravdess): Um conjunto dinâmico e multimodal de expressões faciais e vocais em inglês norte-americano", *PloS one,* 2018.

[11] Nicholas Cummins, Shahin Amiriparian, Gerhard Hagerer, Anton Batliner, Stefan Steidl e Björn W. Schuller, "An image-based deep spectrum feature representation for the recognition of emotional speech". *Actas da 25.ª conferência internacional da ACM sobre multimédia.* 2017.

[12] Aharon Satt, Shai Rozenberg e Ron Hoory, "Efficient emotion recognition from speech

using deep learning on spectrograms", Actas da Conferência Anual da *Associação Internacional de Comunicação da Fala, INTERSPEECH*, vol. 2017-Augus, pp.1089-1093, 2017.

[13] Mingyi Chen , Xuanji He , Jing Yang e Han Zhang, "Redes Neurais Recorrentes Convolucionais 3-D com Modelo de Atenção para Reconhecimento de Emoção de Fala", em *IEEE Signal Processing Letters*, vol. 25, n.º 10, pp. 1440-1444, Out. 2018.

[14] Ziping Zhao, Zhongtian Bao, Yiqin Zhao, Zixing Zhang, Nicholas Cummins, Zhao Ren e Björn Schuller, "Explorando representações de espetro profundo por meio de redes neurais recorrentes e convolucionais baseadas em atenção para reconhecimento de emoções de fala", em *IEEE Access*, vol. 7, pp. 97515-97525, 2019.

[15] Ammar Amjad1, Lal Khan e Hsien-Tsung Chang, "Effect on speech emotion classification of a feature selection approach using a convolutional neural network" [Efeito na classificação de emoções no discurso de uma abordagem de seleção de caraterísticas utilizando uma rede neural convolucional]. *PeerJ Computer Science*. 2021.

[16] Seyedmahdad Mirsamadi, Emad Barsoum e Cha Zhang, "Automatic speech emotion recognition using recurrent neural networks with local attention," *2017 IEEE International Conference on Acoustics, Speech and Signal Processing (ICASSP)*, pp. 2227-2231. 2017.

[17] Xixin Wu, Songxiang Liu, Yuewen Cao, Xu Li, Jianwei Yu, Dongyang Dai, Xi Ma, Shoukang Hu, Zhiyong Wu, Xunying Liu e Helen Meng, "Reconhecimento de emoções de fala usando redes de cápsulas", *ICASSP 2019 - Conferência Internacional IEEE de 2019 sobre acústica, fala e processamento de sinais (ICASSP)*, pp. 6695-6699, 2019.

[18] Kudakwashe Zvarevashe e Oludayo Olugbara, "Ensemble Learning of Hybrid Acoustic Features for Speech Emotion Recognition". *Algorithms*. 13(3):70. 2020.

[19] Chunjun Zheng, Chunli Wang e Ning Jia, "An Ensemble Model for Multi-Level Speech Emotion Recognition", *Applied Sciences*, vol. 10, n.º 1, p. 205, Dez. 2019.

[20] Tursunov Anvarjon, Mustaqeem, e Soonil Kwon, "Deep-net: A lightweight CNN-based speech emotion recognition system using deep frequency features." *Sensors* 20.18: 5212. 2020.

[21] Leo Breiman, "Random Forests". *Machine Learning* 45, 5-32, 2001.

[22] Qirong Mao, Ming Dong, Zhengwei Huang e Yongzhao Zhan, "Learning Salient Features for Speech Emotion Recognition Using Convolutional Neural Networks", em *IEEE Transactions on Multimedia*, vol. 16, n.º 8, pp. 2203-2213, Dez. 2014, doi: 10.1109/TMM.2014.2360798.

[23] Kadiri, S.R., Gangamohan, P., Gangashetty, S.V., Paavo A., Yegnanarayana. B. *"Excitation Features of Speech for Emotion Recognition Using Neutral Speech as Reference" (Caraterísticas de excitação da fala para reconhecimento de emoções utilizando a fala neutra como referência).* Circuitos Syst Signal Process 39, 4459-4481 (2020).

[24] Gangamohan, P., Kadiri, S. R., Gangashetty, S. V., & Yegnanarayana, B. (2014). *"Caraterísticas da fonte de excitação para discriminação de raiva e emoções felizes. In Proceedings of the Annual Conference of the International Speech Communication Association," International Speech Communication Association.* Interspeech, 2014.

[25] Mustaqeem, M. Sajjad e S. Kwon, "Clustering-Based Speech Emotion Recognition by Incorporating Learned Features and Deep BiLSTM," in *IEEE Access*, vol. 8, pp. 79861-79875, 2020, doi: 10.1109/ACCESS.2020.2990405.

[26] Issa, Dias, M. Fatih Demirci e Adnan Yazici. "Reconhecimento de emoção de fala com redes neurais convolucionais profundas". *Processamento e controle de sinais biomédicos* 59 (2020): 101894.

[27] Dietterich, Thomas G. "Ensemble methods in machine learning". Workshop internacional sobre sistemas de classificadores múltiplos. *Notas de aula em Ciências da Computação*, Springer, 2000.

[28] Hansen, Lars Kai e Peter Salamon. "Conjuntos de redes neurais". *IEEE transactions on pattern analysis and machine intelligence*, 12.10 (1990): 993-1001.

[29] Kiranyaz S, Avci O, Abdeljaber O, et al (2021) 1D convolutional neural networks and applications: A survey. *Mechanical Systems and Signal Processing*, 151:107398. https://doi.org/10.1016/j.ymssp.2020.107398

[30] Eva Lieskovská, Maroš Jakubec, Roman Jarina, e Michal Chmulík, "A Review on Speech Emotion Recognition Using Deep Learning and Attention Mechanism". *Eletrónica.* 10(10):1163. 2021.

8. ANEXO 1

Caraterísticas prosódicas

S.N.	Caraterística da prosódia	Fórmula	Tipo de caraterística
1.	Pitch	$\hat{F}(m) = \frac{F_s}{Nw} \arg\max\{\lvert r(\eta; m)\rvert\}_{n=Nw(F_l\lvert F_S)}^{n=Nw(Fn\lvert F_S)}$	Descritor de baixo nível
2.	Energia	$Energy_n = \sum_{m=n-N+1}^{n} [x(m)w(n-m)]^2$	Descritor de baixo nível
3.	Jitter	$\frac{1}{N-1} \sum_{i=1}^{N-1} \lvert T_i - T_{i+1} \rvert$	Descritor de baixo nível
4.	Cintilação	$\frac{1}{N-1} \sum_{i=1}^{N-1} \lvert 20 \log(A_{i+1} \lvert A_i) \rvert$	Descritor de baixo nível
5.	Taxa de cruzamento zero	$\frac{1}{2M} \sum_{k=1}^{M} \lvert sign(a[k] - sign(a[k-1]) \rvert$	Descritor de baixo nível
6.	duração da pausa	$ND_p = \frac{D_p}{D_s}$	Descritor de baixo nível
7.	Desvio	$\frac{1}{N-1} \sum_{j=1}^{N} \left[x_j - x_{mean}\right]^2$	Função estatística de alto nível
8.	Curtose	$\left\{\frac{1}{N} \sum_{j=1} \left[\frac{x_j - x_{mean}}{\sigma}\right]^4\right\} - 3$	Função estatística de alto nível

9.	Skewness	$\frac{1}{N}\sum_{j=1}^{N}\left[\frac{x_j-x_{mean}}{\sigma}\right]^3$	Função estatística de alto nível

9. ANEXO 2

Caraterísticas espectrais

S.N.	Caraterística espetral	Fórmula	Tipo de caraterísticas
1.	CCMF	$mel(f) = 2595 \log_{10}(1 + \frac{f}{700})$	Descritor de baixo nível
2.	LPCC	$c_m = a_m + \sum_{k=1}^{m=1} \frac{k}{m} c_k a_{m-k} \quad for\ 1 < m < P$	Descritor de baixo nível
3.	LFPC	$SE_t(m) = \frac{10 \log_{10}(S_t(m))}{Nm}$ onde, $S_t(m) = \sum_{k=fm-(bm,2)}^{fm+(bm,2)} [x_t(k) w_m(k)]^2$	Descritor de baixo nível
4.	GFCC	$C_j = \sqrt{\frac{2}{N}} \sum_{i=0}^{M-1} G_m[i] * \cos\left(j * \left(i - 0.5' * \frac{\pi}{M}\right)\right)$	Descritor de baixo nível
5.	Formante	$F_0 = \frac{1}{T}$	Descritor de baixo nível
6.	MFMC	$log_{10} \sum_{k=0}^{P_{m-1}} \lvert x(m)(j) \rvert H_m(j)\ , 1 \leq m \leq M$	Descritor de baixo nível
7.	Delta Mel-espetrograma	$lm_i^d = \frac{\sum_{n=1}^{N} n(lm_{i+n} - lm_{i-n})}{2 \sum_{n=1}^{N} n^2}$	Função estatística de alto nível
8.	Delta-deltas Mel-espetrograma	$lm_i^{dd} = \frac{\sum_{n=1}^{N} n(lm_{i+n}^d - lm_{i-n}^d)}{2 \sum_{n=1}^{N} n^2}$	Função estatística de alto nível

10. ANEXO 3

Revisão dos algoritmos disponíveis na literatura

S.N.	Referências	Caraterísticas	Classificador	Vantagens	Desvantagens
Caraterísticas do Prosody					
1.	Nogueiras *et al.* [28]	• Pitch e energia a curto prazo • Contornos de altura e energia • Forma e duração do espetro • Medidas relacionadas com o silêncio	HMM	A estrutura para aplicações em tempo real é fácil e rápida	Dependente do orador Estado neutro detectado como ausência de emoções Não conseguia discriminar as emoções no mesmo estado de excitação
2.	Busso *et al.* [29]	• Contorno de altura e contorno de altura bruta • Caraterísticas estatísticas, nomeadamente, média, máximo, mínimo e amplitude	HMM	O sistema é robusto contra diferentes falantes e línguas	Menos eficaz em bases de dados de emoções naturais
3.	Rao *et al.* [30]	• Caraterísticas prosódicas locais, ou seja, duração, altura e valores de energia, • Caraterísticas prosódicas globais, nomeadamente a	SVM	As exactidões por classe de nojo e felicidade são boas	Precisões por classe para emoções negativas como a raiva, o medo e a tristeza

		média, o mínimo, o máximo, o desvio padrão e a inclinação dos contornos prosódicos.			
Caraterísticas espectrais					
4.	Hu *et al.* [31]	• MFCC de 13 dimensões • Delta • Aceleração	MGM SVM	Melhor desempenho em dados independentes do género	Ainda existem estados emocionais frequentemente confusos, nomeadamente, medo e felicidade; raiva e felicidade; e medo e tristeza
5.	Sato *et al.* [32]	• 16 MFCCs	Agrupamento MFCC multi-modelo e votação ao nível da expressão	Melhor precisão de reconhecimento no reconhecimento de emoções independente do locutor	Confusão entre emoções próximas, a saber, neutro e triste; raiva quente e feliz; e existe triste e feliz
6.	Lalitha *et al.* [33]	• CCMF • Cepstral • Coeficientes MFCC sinteticamente ampliados	ANN	A classificação incorrecta das emoções é reduzida	A emoção tristeza não é devidamente reconhecida pelo modelo
7.	Ancilin e Milton [34]	• MFMC	SVM	Redução do tempo de extração	O desempenho pode ainda ser melhorado utilizando a fusão e a seleção de caraterísticas
Caraterísticas híbridas					

8.	Bitouk *et al.* [35]	261 caraterísticas • Fusão de caraterísticas de • Nível de expressão a partir do conjunto prosódico e espetral • Caraterísticas de nível de classe do conjunto prosódico e espetral	SVM	A seleção de caraterísticas por componentes e a seleção e classificação de caraterísticas por grupos são aplicadas para reduzir a dimensionalidade	A presença de caraterísticas altamente correlacionadas no conjunto fundido resultou num desempenho negativo
9.	Swarna *et al.* [13]	• Fusão de caraterísticas das caraterísticas acústicas mais populares da fala, nomeadamente energia, pitch e MFCC	RDA	A exatidão da classificação é aumentada em 15 a 20%.	Seleção de caraterísticas pelos algoritmos SFS e SFFS, o que aumentou a complexidade computacional.
10.	Pawar e Kokate[20]	• Fusão de caraterísticas de • Caraterísticas prosódicas, ou seja, altura, energia • Caraterísticas espectrais, nomeadamente, MFCC e MEDC	CNN	O modelo superou os trabalhos anteriores	O aumento do tamanho do vetor tornou o processo de aprendizagem complicado e resultou em sobreajuste na CNN
			Espectrograma		
11.	Cummins *et al.* [36]	• 4096 caraterísticas espectrais profundas utilizando CNN- AlexNet	SVM	Melhor desempenho em relação às caraterísticas de fala convencionais na classificação de emoções de 2 e 5 classes	Não explorou a utilização de outras caraterísticas espectrais e cepstrais, como o espetro de Mel ou o envelope espetral preditivo linear

12.	Chen *et al.* [38]	• Espectrograma Mel • Deltas • Delta- deltas	RNN de convolução 3D	O efeito de ruído é reduzido Desempenho SER estável	A emoção felicidade é classificada erradamente como neutra e raiva.
13.	Zhao *et al.* [39]	• Espectro profundo	RNN e CNN baseadas na atenção	Melhoria significativa da eficiência	Aumento da computação devido à geração de mais pesos treináveis e hiperparâmetros
14.	Bhanusree et al. [40]	• Espectrograma log-mel	Camada de convolução 2D distribuída no tempo com CapsuleNet	Melhoria da exatidão global da classificação A confusão entre os estados emocionais de baixa excitação, ou seja, triste e neutro, é reduzida	A confusão entre feliz e neutro continua a existir
15.	Bhanusree et al. [41]	• Espectrograma log-mel	Aprendizagem de conjuntos baseada em redes neuronais	Vários modelos com caraterísticas adequadas melhoraram o desempenho global. A capacidade de generalização é alcançada para lidar com variações multilingues, de género, de falantes múltiplos e	Complexidade temporal

				de idade no cenário em tempo real. As pistas temporais e espaciais são tratadas	
16.	Bhanusree et al. [42]	• Espectrograma log-mel	CNN com camadas de atenção distribuída no tempo (TDACNN) com floresta aleatória	Generalização alcançada em diferentes conjuntos de dados	Ainda existe confusão na classificação de feliz e surpresa, neutro e triste
			Classificação da aprendizagem automática		
17.	Mohammed *et al.* [43]	• F_0, Energia, taxa de cruzamento zero e parâmetros de Fourier	K-NN	Bons resultados de classificação com seleção de caraterísticas por PCA	A confusão entre as emoções de nojo, tristeza e medo é elevada quando comparada com outras emoções.
18.	Subbarao *et al.* [44]	• MFCC e suas caraterísticas de discriminação temporal	K-NN	Obteve uma boa precisão mesmo com menos dados de treino	O desempenho do modelo na classificação do nojo é comparativamente menor quando comparado com as outras emoções
19.	Seehapoch e Wongthanavasu [45]	• Fusão de caraterísticas de • F_0, energia • CCMF	SVM	Tem um bom desempenho em línguas de tom baixo como o Japão e as bases de dados tailandesas.	O modelo não conseguiu detetar as emoções em línguas de tom alto, onde o discurso é demasiado longo.

20.	Rao *et al.* [30]	• Caraterísticas prosódicas globais e locais de segmentos de enunciados, palavras e sílabas do discurso	SVM	Apresentou um bom desempenho.	O kernel adequado e os seus parâmetros têm de ser escolhidos em função da base de dados
21.	Schuller *et al.* [46]	• Contornos de altura e energia	HMM	Obteve uma boa precisão para todas as emoções, exceto a felicidade	A emoção de felicidade é, na maioria das vezes, mal classificada como nojo e raiva
22.	Mao *et al.* [47]	• Probabilidade de afinação e de voz • Derivadas de primeira e segunda ordem	HMM	O modelo teve um bom desempenho em bases de dados independentes e dependentes do orador	A limitação é que o modelo é estatisticamente ineficiente para modelar dados não lineares no espaço de caraterísticas
23.	Lee *et al.* [48]	384 caraterísticas • 12 coeficientes MFCC • Inclinação, classificação cruzada zero • Funções estatísticas	Árvore de decisão e floresta aleatória	A exatidão global da classificação aumenta 7,44%. Além disso, o modelo tem uma conceção intuitiva e eficaz.	O quadro deve ser concebido com base em orientações empíricas e na experimentação.
24.	Liu *et al.* [49]	• Frequência fundamental • Energia de curta duração, • Coeficiente MFCC, • Energia espetral • Coeficientes dinâmicos • Taxa de variação média da frequência fundamental	Árvore de decisão e floresta aleatória	Resultados proeminentes e adequados a uma abordagem prática	A limitação do modelo DT é que ele deve ser feito sob medida para a base de dados que está sendo considerada

		• Taxa de variação da frequência de energia de curto prazo			
Classificação de aprendizagem profunda					
25.	Sun *et al.* [50]	• Espectrograma	CNN	Simples e rápido	A confusão entre medo e alegria, raiva e alegria, aborrecimento e neutro é demasiado elevada
26.	Ammar *et al.* [51]	• Espectrograma	CNN para extração de caraterísticas MLP para classificação	Mais útil para bases de dados multilingues e classificação independente do género	As arquitecturas profundas não são utilizadas para classificação
27.	Lee e Tashev[52]	• Espectrograma	RNN	Forneceu uma visão sobre a forma como a combinação de RNN e LSTM pode ser utilizada para melhorar a eficiência do reconhecimento de emoções a partir da fala, que tem uma longa informação contextual	Apresentou apenas uma melhoria decente no desempenho
28.	Wang *et al.* [53]	• CCMF • Espectrograma Mel	Sequência dupla-LSTM	Adequado para aplicações multimodais	A afinação dos hiperparâmetros, como o número de nós e camadas ocultas, é crucial para obter o melhor desempenho

29.	Mirsamadi *et al.* [54]	• Espectrograma	RNN com atenção local	Agregação temporal das caraterísticas eficazmente tratada	A precisão global alcançada não é muito encorajadora
30.	Chen *et al.* [38]	• Log Mel-espetrcgrama • Delta • Delta- deltas	RNN de convolução 3D com atenção	A precisão global é aumentada	A confusão entre emoções de alegria e de raiva é demasiado elevada
31.	Chen *et al.* [55]	• CCMF • Diferenças de primeira ordem • Diferenças de segunda ordem	Modelo CNN-LSTM	Instruções adequadas para os investigadores utilizarem camadas de atenção para tarefas SER	A matriz de confusão reflectiu a ineficácia do modelo em classificar as emoções de forma adequada. As emoções, nomeadamente o tédio, o nojo, o medo e a alegria, tiveram uma precisão inferior a 70%
32.	Atila e Sengur[56]	• Espectrograma • CCMF • Cochleagrama	CNN-LSTM 3D guiado pela atenção	Melhoria da precisão geral.	A precisão da classificação de classes individuais em diferentes bases de dados não é consistente

33.	Wu *et al.* [57]	• Espectrograma	CapsuleNets	Permitiu investigar a extensão da capacidade das CapsuleNets para captar as emoções de forma eficaz	Em termos de classe, a confusão entre raiva e neutro, feliz e neutro é elevada. No caso da emoção feliz, apenas 12% das amostras de discurso são classificadas como felizes, enquanto 76% são classificadas como neutras
34.	Ng e Liu [58]	• Espectrograma	CapsuleNets	Codificação bem sucedida da informação espacial do espetrograma	A informação temporal não é tratada neste trabalho e obtêm-se fracas pontuações F1 para as emoções de alegria e raiva
35.	Bhanusree et al. [40]	• Log mel-espetrograma	Camadas de convolução 2D distribuídas no tempo para CapsuleNets	Tratamento da informação temporal e espacial do sinal de voz	Generalização não alcançada
Classificação de aprendizagem de conjunto					
36.	Schuller *et al.* [59]	• Caraterísticas híbridas	Empilhamento C, Multi boosting, Ada boosting,	Permitiu a investigação de modelos de conjunto no SER	A precisão global é reduzida.

			Bagging e DT		
37.	Zvarevashe e Olugbara [61]	• Caraterísticas híbridas	Decisão aleatória Floresta	Permitiu a investigação de modelos de ensacamento no SER	O desafio do modelo reside no facto de trabalhar com dados reais.
38.	Bhanusree et al. [42]	• Log Mel-espetrograma	TDACNN com classificador Ensemble learner- RF	Tratamento da informação temporal e espacial do sinal de voz Generalização alcançada em ambos os conjuntos de dados	A exatidão das classes feliz e triste para a IEMOCAP é inferior a
39.	Zheng *et al.* [62]	• Espectrograma • Média dos dados dentro da janela do espetrograma • Descritores de baixo nível e suas caraterísticas estatísticas	Conjunto da CNN, BLSTM, GRU CRNN	Manuseamento de pistas espaciais e temporais do discurso na classificação das emoções	A capacidade de generalização é conseguida através da aprendizagem em conjunto.
40.	AI *et al.* [63]	• CCMF • Delta • Delta- deltas	RNN de convolução integrada na atenção	O Auggaging superou o Bagging e o Redagging em termos de UAR.	Complexidade temporal
41.	Bhanusree et al. [41]	• Espectrograma Log-Mel • CCMF	NNBEL	O modelo proposto é bem sucedido na generalização do processo de aprendizagem e funcionou efetivamente no	Complexidade temporal

				conjunto de dados desequilibrados.	

11. ANEXO -4

Comparação do desempenho do Reconhecimento de Emoções de Fala proposto

S. Não.	Algoritmo	Caraterísticas	Conjuntos de dados	Classificação Exatidão em %	Pontuação F1	Observações
1	Rede Neuronal de Convolução de Camada de Atenção Distribuída no Tempo (TDACNN) com aprendizagem em conjunto Random Forest (RF) [7]	Espectrograma log-mel	IEMOCAP	90.27	**Zangado-0,93** Feliz - 0,87 Neutro-0,92 Sad-0,91	• O modelo alcançou uma boa precisão de classificação e pontuação F1.
			RAVDESS	92.19	**Zangado - 0,95** Nojo - 0,93 Medo - 0,93 Feliz - 0,88 Calmo-0,94 Sad-0,89 **Surpresa - 0,93**	
2	Camadas de convolução 2D distribuídas no tempo com CapsuleNets [5]	Espectrograma log-mel	IEMOCAP	93.2	Zangado-0,90 Feliz - 0,91 **Neutro-0,95** Sad-0,94	• O modelo alcançou uma boa precisão de classificação e pontuação F1. • As emoções de baixa excitação são classificadas de forma adequada quando comparadas com o modelo anterior
			RAVDESS	92.6	Zangado-0,95 Nojo - 0,93 Medo - 0,94 Feliz - 0,94 Calmo-0,95 Sad-0,95	

					Surpresa - 0,91	
3	Aprendizagem Ensembled baseada em redes neurais (NNBEL) [6]	Espectrograma log-mel, MFCC	IEMOCAP	**97.5**	Zangado-0,92 **Feliz - 0,91** Neutro-0,93 **Sad-0,94**	• As confusões de classe entre todas as emoções são muito reduzidas devido ao modelo de conjunto. • Resultou numa classificação equilibrada entre as emoções de baixa e alta excitação, indicando o equilíbrio espácio-temporal
			RAVDESS	**95.3**	Zangado-0,92 **Nojo - 0,96** **Medo - 0,95** **Feliz - 0,95** **Calmo-0,96** **Sad-0,96** Surpresa - 0,92	

MIX
Papier aus verantwortungsvollen Quellen
Paper from responsible sources
FSC® C105338

Printed by Books on Demand GmbH, Norderstedt / Germany